# 1日1分！英字新聞
## 2024年版
### 豊富なニュースが英語力を上げる

# 石田 健

祥伝社黄金文庫

## まえがき

こんにちは。石田健です。

数ある英語学習書籍から本書を選んでいただき、心より感謝します。同時に、私もあなたに感謝されるかもしれません。なぜなら、私が提案する方法で取り組んでいただければ、間違いなくあなたの英語力は向上するからです。

本書の効率的な使い方を紹介します。

1) 常にカバンに忍ばせておき、スキマ時間に読む

例えば電車を待つ時間、通勤・通学中、友達との待ち合わせに早く到着したとき、学校・会社のお昼休みなど。とにかく日常的に英語に触れていることが大切です。カバンの中のレシートや他の紙くずと一緒にならないよう、毎日一度は取り出してください。1日、1分でも良いのです。

2) 興味のある記事から読む

本書は、政治、経済、科学、エンタメなどバラエティに富んだ記事で構成されています。ですので、まずはパラパラとめくって興味関心のある記事から読んでいくのが良いでしょう。好きこそものの上手なれ、です。楽しんで学習することは学習効率を飛躍的に高める要因となります。興味関心のない記事はどんどん飛ばして、関心のある記事から読んでみましょう。最初から1ページずつ読み進める必要は全くありません。

3) 英文を音読する

ご自宅で本書をめくる場合はぜひ英文を音読してください。

正しい発音は気にしなくて良いです。自分のセンスで口に出して読んでください。口や舌の筋肉運動として記憶に定着させることができます。同時にその音声は耳からも入ってきます。もちろん読むのですから、目からも入ってきます。一つの情報を五感を使って吸収していくこと、これが大切です。

## 4) 繰り返し読む

　明治期の文明開化で欧米の文化が突然流入してきて、それまで250年間鎖国していた日本が突然英語の必要性に迫られました。人々はどうやって英語を習得したのでしょう？　英語の指南書にしても、一般人が入手できるものは限られていたでしょう。おそらく、やっとの思いで手に入れた1冊の本を繰り返し繰り返し読んでいたかと思います。本が高価であり、コピー機がなかった当時は本を書き写すことさえありました。一方現在は情報が溢れていますので、1冊を繰り返し読むなんてことは稀でしょう。だからこそ、逆に1冊を繰り返し読んで習得してください。英文を記憶に定着させるには、反復しかないのです。

## 5) 難しい単語やフレーズはメモを取る

　本書で初めて知ったような難しい単語やフレーズはぜひメモを取りましょう。さらにそれらの単語、フレーズをネットで検索して他の例文も集めてみてください。知識、情報を受け取るだけでなく、能動的に自分で調べること、これが大切です。「あ、こういう使い方もあるのか！」「こんなケースでも使えるのか！」と新たな発見につながることでしょう。英語学習がどんどん楽しいものに変わっていきます。

　本書では全ての記事において、米国人女性のネイティブ音声をダウンロードすることができます。AI音声ではなく、生身の人間による発音です。上記の「3) 英文を音読する」にも関わりますが、ぜひ何度も聞いて「英語耳」を養ってくださいね。ダウンロードの詳しい方法は、巻末の説明ページを参考にしてみてください。

　英語学習で一番大切なこと、それは英語学習それ自体を習慣化してしまうことです。

　それをやらないと1日が始まらない、あるいは終わらない、やらないとなにか不安になる……。習慣化された行動ほど強いものはありません。付け焼き刃的な短期学習は、なにひとつ残りません。大学で第二外国語を学んでも、その後ほぼなにも覚えていないように。

　では学習を習慣化するために一番大切なことは何でしょうか？　そう、それは楽しみながら学習すること。楽しくなければ習慣化できません。苦痛をともなう行動は常に後回し、先延ばしにしてしまいます。

　1日1分の習慣で良いのです。それを365日続けることです。ぜひ本書で楽しみながら英語をマスターしてくださいね！

2023年11月　石田　健

## 読者の声、ご紹介します!

　本書はメールマガジン「毎日1分!英字新聞」で配信された記事を厳選し、まとめたものです。20年以上つづく"長寿"メルマガの購読者数は、現在なんと11万人。ここでは、メルマガ読者の皆さんと、書籍『1日1分!英字新聞』シリーズ読者の皆さんからの声を、ほんの少しだけご紹介します。ご参考にしていただけたら幸いです。　　　　　　　　　　（編集部）

● Amazonで書籍の『1日1分!英字新聞』を見つけて、このメールマガジンを知りました。知らない単語があっても、これだけ短い記事なら最後まで読めます。ありがとうございます。これからも続けていこうと思います。メルマガも続くことを祈っています。

●本日から今年の勉強始め。転職をし、学習時間が取れなくなることは必至。そんな中、自動的に届くメルマガは便利でありがたいものです。

●日本語で報道されているニュースを英語で学べるという発想が良い。メルマガは5年ほど購読しているが、この間、TOEICのスコアが320から680に大幅UPした。このメルマガと文庫本しか読んでないにもかかわらず。リスニング対策として音声をダウンロードして聞きました。

●コロナで海外へ行けず、英語力も錆びつきそうだったので、本書をカバンに入れて通勤中にパラパラめくってます。忘れて

いた単語が突然出てきて、英語力の再活性化に役立っています。

●大学1年です。一浪して志望校に入れました。1年間で英語の偏差値が、なんと46から61へと急上昇しました。実は、本書を繰り返し読んだことが大きかったと思っています。過去のバックナンバーも何冊か購入しましたが、英語を身につけたい人は他の教材をシャットアウトして、本書だけを繰り返し読むことをおすすめします。

●私は英語力がないので、長い英文だと、もう読むのがいやになってしまいます。でもこれなら短いうえに時事ニュースにも詳しくなれるというメリットがあります。私の場合は、自分が興味のあるものから読んでいます。

●とにかく読みやすい。文量と内容の濃さが素晴らしく、TOEICテストの準備で活用しています。

●私は毎朝1時間から2時間、英語の勉強をしています。リーディングが好きではない私にとって、この本は最高です。出勤前、あと5分勉強したいなあと思った時に、これまでは英語のCDを聴いてましたが、今はこの本を毎朝読んでます。

●各トピックが「短文」というところがポイント。一見物足りない気がするかもしれないが、タイトルの通り1分程度で読めるので、負担にならない。どのページから何ページ読んでもよく、気の向くままに学べる。お勧めの一冊。

# Contents

【編集部注】記事中における外国通貨の日本円は、
記事当日の為替レートを元に計算しております。肩書や数値なども記事掲載時のものです。

編集協力 ギャンツ倖起恵　ブックデザイン 100mm design

# この本の使い方

英文
メールマガジン「毎日1分！英字新聞」2022年12月から2023年11月までの記事から、厳選した120本を掲載しています。政治、経済、科学、芸能、スポーツなど、バラエティに富んだ短い英文ばかりなので、飽きずに読み進められます。

## Celine Dion Reveals She Rare Neurological Disord

Canadian superstar singer Celine Dion rev
that she has been diagnosed with stiff-pers
syndrome, a rare and progressive neurological
disorder that causes severe muscle spasms and
stiffening in the limbs.

Dec12,2022

### CHECK! ||||▶

- ☐ **reveal** … ～を明らかにする
- ☐ **rare neurological disorder** … まれな神経疾患
- ☐ **be diagnosed with** … ～だと診断される
- ☐ **stiff-person syndrome** …【病名】スティッフパー
- ☐ **progressive** … 進行性の
- ☐ **cause** … ～を引き起こす
- ☐ **muscle spasm(s)** … 筋肉のけいれん
- ☐ **stiffening** … 固まること→硬直
- ☐ **limbs** … 四肢、手足

CHECK!
記事の中の重要語彙や時事英単語を紹介しています。覚えた単語は☐欄でチェックしましょう。巻末のINDEXもご利用ください。

≡　　　　　　訳出のポイント

- ● diagnose は「～と診断する」という動詞。～の部分には通例【病名】や【医学的状態】などがきます。受動態の be diagnosed with ～「～と診断される」という形で登場することが多いので、こちらも確認しておきましょう。
- ● cause はもともと「原因」「もと」あるいは「理由」「わけ」「根拠」を意味する名詞。ここから「～の原因となる」「（結果として）～を引き起こす」という動詞としてもよく使われます。

訳出のポイント
英文の大事な文法事項や和訳のヒントを、わかりやすく解説しています。

**対訳**
記事を読みやすい日本語に翻訳しています。

# 「セリーヌ・ディオンさん、まれな神経疾患を告白」

カナダ出身のスーパースター歌手セリーヌ・ディオンさんが、『スティッフパーソン症候群』と診断されたことを告白した。手足の筋肉の激しいけいれんや硬直を引き起こすまれな神経疾患だという。

2022 年 12 月 12 日

**TODAY'S POINT 今日のポイント**

### 「公表する」「告白する」reveal

reveal は「ベール（覆い）を取りはずす」が原意の動詞。英字新聞でも、知られていないことを「明らかにする」「示す」「見せる」という意味で頻出の単語となっています。自身に関することを "明らかにする" という文脈では、「～を公表する」「～を告白する」と訳すとしっくりくる場合が多い。〔自〕身の病気を「公表する」「告白する」と〔訳し〕ています。

**今日のポイント**
英字新聞頻出の時事英単語やわかりにくい文法事項など、英語学習の観点から特に大事なところを解説しています。ここを読むだけでも、英語力がアップします。

# December,2022

# 2022年12月

| | |
|---|---|
| 1日 | 日本の社会学者、東京の大学構内で襲われ重傷 |
| 5日 | W杯:日本がスペインに金星、決勝T進出 |
| 7日 | ロシア南部でアザラシ2500頭の死骸、原因不明 |
| 12日 | セリーヌ・ディオンさん、まれな神経疾患を告白 |
| 13日 | 冬に風邪やインフルにかかりやすい理由、とうとう解明か? |
| 14日 | 日本:2022年の漢字は「戦」 |
| 16日 | BTSのJINさん、韓国陸軍に入隊 |
| 19日 | W杯:アルゼンチン、PK戦でフランス破り優勝 |
| 20日 | 日本、戦後最大の軍備増強を発表 |
| 22日 | 米、核融合エネルギーでブレークスルーと発表 |

# Japanese Sociologist Seriously Wounded in Tokyo Campus Attack

Shinji Miyadai, a sociologist and controversialist well-known for his comments on education, religion, and subculture, was seriously injured after being attacked with a knife on a Tokyo university campus Tuesday.

Dec1,2022

## CHECK! ▰▰▰▰▶

- ☐ **sociologist** [sòʊsiá:lədʒɪst] … 社会学者
- ☐ **(be) seriously wounded (=injured)** … 重傷を負う
- ☐ **(university) campus** … （大学の）キャンパス、構内
- ☐ **controversialist** [kà:ntrəvə́:rʃəlɪst] … 論客
- ☐ **well-known for** … ～でよく知られる
- ☐ **comment** [ká:ment] … 論評
- ☐ **education** [èdʒəkéɪʃən] … 教育
- ☐ **religion** [rɪlídʒən] … 宗教
- ☐ **subculture** [sʌ́bkʌ̀ltʃər] … サブカルチャー

---

≡ **訳出のポイント**

- campus の語源は「野原」を意味するラテン語の campus。ここから大学などの敷地と建物を含む「構内」「キャンパス」を指す名詞となっています。

- attack with a knife は「刃物で（人を）襲う」という言い方。そこで、after being attacked with a knife は「刃物で襲われた後で」→「刃物で襲われて」というわけです。

---

# 「日本の社会学者、東京の大学構内で襲われ重傷」

社会学者で論客の宮台真司さんが火曜日、東京都内の大学キャンパスで刃物で襲われ、重傷を負った。宮台さんは、教育、宗教、およびサブカルチャーに関する論評でよく知られている。

2022 年 12 月 1 日

**今日の
ポイント**

### 英字新聞頻出の形容詞
### 「controversial」

controversial は「議論（論争）を引き起こす」「物議を醸している」という意味で英字新聞でも頻出の形容詞。この controversial から派生した controversialist は「議論を引き起こす人」→「論争者」「論客」ということです。下記部分では（　）内を補って考えましょう。

a sociologist and controversialist (who is) well-known for his comments on education, religion, and subculture

つまり、「教育、宗教およびサブカルチャーに関する論評でよく知られる社会学者で論客（の宮台真司さん）」となっています。対訳では、この部分を第 2 文として独立させ、「宮台さんは、教育、宗教、およびサブカルチャーに関する論評でよく知られている」としています。

# Japan Upsets Spain, Advances to Knockout Round

Japan pulled off a miracle again at the World Cup in Qatar. The world's 24th-ranked Japan came from behind against 7th-ranked Spain for a 2-1 massive victory to advance to the knockout round at the top position in Group E.

Dec5,2022

## CHECK! ▮▮▮▮▶

- ☐ **upset** [ʌpsét] … ～相手に金星をあげる
- ☐ **advance to the knockout round** … 決勝トーナメントに進出する
- ☐ **pull off a miracle** … 奇跡を起こす
- ☐ **world's _th-ranked** … 世界ランク＿位の
- ☐ **come from behind** … 逆転勝ちする
- ☐ **massive victory** … 大勝利
- ☐ **at the top position** … 首位で

---

### ≡　　　　　訳出のポイント

- ●動詞 upset が登場しています。スポーツ、競技などで予想に反して（格上の相手を）「打ち負かす」→「金星をあげる」という意味になっています。タイトルでは Japan upsets Spain で「日本が、スペインを相手に金星をあげる」ということですね。
- ● come from behind は「後ろからやって来る」→「逆転勝ちする」という言い方です。

# 「W杯：日本がスペインに金星、決勝T進出」

サッカー・ワールドカップ・カタール大会で、日本がまたしても奇跡を起こした。世界ランク24位の日本代表が、同7位のスペイン代表に2-1で逆転大勝利を収め、グループE首位で決勝トーナメント進出を決めた。

2022年12月5日

TODAY'S POINT
**今日の
ポイント**

## pull off a miracle「奇跡を起こす」

pull off ～は衣服などを「脱ぐ」、道路の脇に「車を止める」など、さまざまな意味で日常的に使われる成句。困難な状況の中で「～を（うまく）やり遂げる」「成功させる」、勝利などを「つかみ取る」という意味でもしばしば使われるので、確認しておきましょう。

ここでは、pull off a miracle で「奇跡を起こす」「奇跡のようなことをやり遂げる」という言い方になっています。

# Bodies of 2,500 Seals Found in Southern Russia, Cause of Deaths Unknown

About 2,500 seals have been found dead on the Caspian Sea coast in southern Russia. Authorities said it was unclear why the megadeath of endangered Caspian seals happened but it was likely due to natural causes.

Dec7,2022

## CHECK! ▮▮▮▮▶

- [ ] **body** [bά:di] ( → **bodies**) … 死体、死骸
- [ ] **(Caspian) seal** [síːl] … (カスピカイ) アザラシ
- [ ] **(be) found** … 見つかる、発見される
- [ ] **cause of death(s)** … 死因
- [ ] **unknown (=unclear)** … 不明である
- [ ] **on the Caspian Sea coast** … カスピ海沿岸で
- [ ] **authorities** [əθɔ́:rətiz] … 当局
- [ ] **megadeath** [mégədèθ] … 大量死
- [ ] **endangered** [ɪndéɪndʒərd] … 絶滅危惧種の
- [ ] **happen** [hǽpən] … 起きる
- [ ] **be likely due to natural causes** … 〜が原因である可能性が高い

---

**≡  訳出のポイント**

● 「権力」「権威」「権限」あるいは「官庁」「機関」「局」を意味する名詞 authority は、英字新聞では複数形の authorities で「当局」「その筋」という意味合いで頻出の重要単語です。

# 「ロシア南部でアザラシ2500頭の死骸、原因不明」

ロシア南部のカスピ海沿岸で、アザラシおよそ2500頭が死んでいるのが見つかった。当局によると、絶滅危惧種であるカスピカイアザラシの大量死の原因は不明だが、自然死である可能性が高いという。

2022年12月7日

TODAY'S POINT
**今日の
ポイント**

## likely と due to を組み合わせる

likely は「〜しそうである」「〜するであろう」という形容詞。そして、due to は「〜が原因で」「〜のせいで」という言い方なので、(be) likely due to 〜 だと「〜が原因であろう」→「〜が原因である可能性が高い」という表現になります。

したがって、it was likely due to natural causes の部分は、「自然の原因による（死亡の）可能性が高い」→「自然死である可能性が高い」ということですね。

# Celine Dion Reveals She Has a Rare Neurological Disorder

Canadian superstar singer Celine Dion revealed that she has been diagnosed with stiff-person syndrome, a rare and progressive neurological disorder that causes severe muscle spasms and stiffening in the limbs.

Dec12,2022

## CHECK! ▐▐▐▐▶

☐ **reveal** [rɪvíːl] … 〜を明らかにする
☐ **rare neurological disorder** … まれな神経疾患
☐ **be diagnosed with** … 〜だと診断される
☐ **stiff-person syndrome** …【病名】スティッフパーソン症候群
☐ **progressive** [prəgrésɪv] … 進行性の
☐ **cause** [kɔ́ːz] … 〜を引き起こす
☐ **muscle spasm(s)** … 筋肉のけいれん
☐ **stiffening** [stífənɪŋ] … 固まること→硬直
☐ **limbs** [límz] … 四肢、手足

---

**≡　　　　　　　訳出のポイント**

● diagnose は「〜と診断する」という動詞。〜の部分には通例【病名】や【医学的状態】などがきます。受動態の be diagnosed with 〜「〜と診断される」という形で登場することが多いので、こちらも確認しておきましょう。

● cause はもともと「原因」「もと」あるいは「理由」「わけ」「根拠」を意味する名詞。ここから「〜の原因となる」「（結果として）〜を引き起こす」という動詞としてもよく使われます。

# 「セリーヌ・ディオンさん、まれな神経疾患を告白」

カナダ出身のスーパースター歌手セリーヌ・ディオンさんが、「スティッフパーソン症候群」と診断されたことを告白した。手足の筋肉の激しいけいれんや硬直を引き起こすまれな神経疾患だという。

2022 年 12 月 12 日

TODAY'S POINT
今日の
ポイント

### 「公表する」「告白する」reveal

reveal は「ベール（覆い）を取りはずす」が原意の動詞。英字新聞でも、知られていないことを「明らかにする」「示す」「見せる」という意味で頻出の単語となっています。自身に関することを"明らかにする"という文脈では、「〜を公表する」「〜を告白する」と訳すとしっくりくる場合が多いですね。

今日の記事でも、自身の病気を「公表する」「告白する」という意味合いになっています。

# We Finally May Know Why People Get More Colds and Flu in Winter

The biological reason we get more respiratory illnesses, such as colds and flu, in winter may have been found. According to a new study, the chilly air damages the immune response in our nostrils.                    Dec13,2022

## CHECK! ▐▐▐▐▶

☐ **cold** [kóʊld] … 風邪　☐ **flu** [flúː] … インフルエンザ
☐ **biological reason** … 生物学的な理由
☐ **respiratory illness(es)** … 呼吸器疾患
☐ **chilly** [tʃíli] … 冷たい
☐ **damage** [dǽmɪdʒ] …【動詞】〜を損なう
☐ **immune response** … 免疫反応
☐ **nostril** [nάːstrəl] … 鼻孔

### ☰　　　　　訳出のポイント

● A such as 〜は「〜のような A」「例えば〜などの A」という言い方。したがって、respiratory illnesses, such as colds and flu, の部分は「風邪やインフルエンザのような呼吸器疾患」ということですね。

● chill は肌を刺すような「冷たさ」「冷気」、あるいは「寒気」「悪寒」を意味する名詞。chilly はその形容詞形で「うすら寒い」「冷たい」「ひんやりした」の意。一般的には【cold ほどは寒くなく、cool よりは寒い】感覚で使われる単語です。chilly air で「冷たい空気」「ひんやりとした空気」ということです。

三　　　　　　　　　　　対訳

# 「冬に風邪やインフルにかかりやすい理由、とうとう解明か?」

冬になると風邪やインフルエンザのような呼吸器疾患にかかることが多いが、その生物学的理由が見つかった可能性がある。新しい研究によると、冷たい空気によって鼻孔内の免疫反応が損なわれるという。

2022 年 12 月 13 日

TODAY'S POINT
今日の
ポイント

### 「風邪」は cold、「インフルエンザ」は flu

cold は「冷たい」「寒い」という形容詞としておなじみの単語。「風邪」「感冒」を意味する名詞としても使われるので、注意しましょう。また、「インフルエンザ」はもともと influenza。現在では、これを略した flu が一般的に用いられています。

今日のタイトルは直訳すると「冬に風邪やインフルエンザにより多くかかるのはなぜかを、とうとう知っているかもしれない」。つまり、「冬に風邪やインフルエンザにかかりやすい理由が、とうとうわかった可能性がある」という意味合いになっています。

# Japan Chooses ' 戦 (War)' as 'Kanji' of 2022

The Japanese public picked " 戦 ", meaning war, battle, or match, as the kanji or written character that symbolizes the year of 2022 best.

Dec14,2022

## CHECK! ▶

- [ ] **choose (=pick) A as B** … A を B に選ぶ
- [ ] **kanji (character)** … 漢字
- [ ] **(the) Japanese public** … 日本国民
- [ ] **written character** … 書き文字、表記文字
- [ ] **mean** [míːn] … ～を意味する
- [ ] **war** [wɔ́ːr] … 戦争　[ ] **battle** [bǽtl] … 闘い
- [ ] **match** [mǽtʃ] … 試合
- [ ] **symbolize** [símbəlàɪz] … ～を象徴する

---

≡　　　　　　　　　　訳出のポイント

- kanji はもちろん「漢字」。日本語を語源とする英単語としても地位を確立しつつあります。しかし、完全に浸透しているかというと、そこまでではないので、今日の本文では、written character「書き文字」「表記文字」という説明も入っています。kanji よりも、むしろ emoji「絵文字」の方が、英語圏のみならず世界共通の単語としてよく知られていますね。

- public はもともと「公の」「公共の」「社会の」という形容詞。ここから「一般の人々」「公衆」「大衆」という意味の名詞としてもしばしば用いられ、その場合は定冠詞 the をともなうのが通例となっています。そこで、本文頭の The Japanese public は「日本の一般の人々」→「日本の市民」「日本国民」というわけです。

≡ 　　　　　　　　　対訳

# 「日本：2022 年の漢字は『戦』」

日本の国民は、2022 年を最も象徴する漢字（表記文字）
として、戦争、闘い、あるいは試合を意味する「戦」を
選んだ。

2022 年 12 月 14 日

TODAY'S POINT
今日の
ポイント

## 【入念に、気をつけて】
## 「～を選ぶ」pick

choose は「～を選ぶ」という意味でおなじみの動詞。今日
は、【複数の物や人の中から】「～を選ぶ」「～を選択する」
という意味合いがあることを確認しておきましょう。その
一方で、本文で使われている pick は【入念に】【気をつけ
て】「～を選ぶ」「～を精選する」というニュアンスを持ち
ます。
今日の記事では、どちらも日本国民が【たくさんある漢字
の中から】【入念に】「選んだ」という意味合いで、choose
と pick のどちらでも適切となっていますね。

# Jin from BTS Joins South Korean Army

Jin, the oldest member of K-pop boy band BTS, officially began his mandatory military service in South Korea on Tuesday, becoming the first bandmate to join the army.

Dec16,2022

## CHECK! ||||▶

- ☐ **join the (South Korean) army** … (韓国) 陸軍に入隊する
- ☐ **boy band** … 男性アイドルグループ
- ☐ **officially** [əfíʃəli] … 正式に、公式に
- ☐ **mandatory military service** … 兵役義務
- ☐ **bandmate** [bǽndmèit] … バンド仲間、バンドメンバー

| 訳出のポイント |
| --- |

- mandatory の原意は「命令の」「指令の」。ここから、「義務的な」「強制的な」「必須の」といった意味の形容詞になっています。そして、military service が「兵役」なので、mandatory military service で「義務的な兵役」→「兵役義務」というわけです。

- 兵役義務のための軍入隊が延期されていた韓国の人気アイドルグループ、BTS の最年長メンバー JIN さんが、13 日に正式に陸軍に入隊したニュース。2024 年の 6 月まで兵役を務める予定と伝えられています。また、他のメンバーも今後順次入隊予定で、その間 BTS はグループとしての活動は休止。2025 年頃の活動再開を目指すといいます。

# 「BTS の JIN さん、韓国陸軍に入隊」

K ポップの男性アイドルグループ BTS の最年長メンバーである JIN さんが火曜日、正式に韓国の兵役義務を開始し、同グループのメンバーとしては、初めての軍入隊となった。

2022 年 12 月 16 日

TODAY'S POINT
今日の
ポイント

### 「加入する」「入隊する」join

join はもともと複数のものを「つなぐ」「結び合わせる」という動詞。日常的には「〜に加わる」「に参加する」という意味でよく使われる単語ですね。団体・機関に「加入する」、軍隊に「入る」「入隊する」という文脈でも頻出なので、しっかり確認しておきましょう。

今日の記事では join the army で「陸軍に入る」→「陸軍に入隊する」、join South Koren army で「韓国陸軍に入隊する」ということですね。

# Argentina Beats France on Penalties to Win World Cup

Lionel Messi finally accomplished his World Cup dream as Argentina defeated France in a dramatic penalty shootout in one of the greatest finals in the tournament's 92-year history, clinching its third title on Sunday.

Dec19,2022

## CHECK! ▮▮▮▶

- ☐ **on penalties** …【サッカー】PK 戦で
- ☐ **accomplished one's dream** … 夢を達成する
- ☐ **in a dramatic penalty shootout** … 劇的な PK 戦で
- ☐ **clinch one's _th title** … __度目の優勝を果たす

### ☰   訳出のポイント

- accomplish は仕事、計画、目標、願望などを（努力、忍耐などによって）「成し遂げる」「成就する」「実現する」という動詞。accomplish one's dream で「夢を達成する」「夢を実現させる」という言い方ですね。そこで、本文頭の Lionel Messi finally accomplished his World Cup dream の部分は「リオネル・メッシがとうとうワールドカップの夢を達成した」→「リオネル・メッシの W 杯の夢がついに実現した」というわけです。

- W杯カタール大会は 18 日に決勝を迎え、アルゼンチンとフランスが激突。延長戦を終えて 3-3 と決着がつかず、PK戦に突入。これをアルゼンチンが 4-2 で制し、36 年ぶり 3 度目の優勝を摑み取りました。2 得点を決めた 35 歳のFWメッシは、大会MVPに選出。

# 「W杯：アルゼンチン、PK戦でフランス破り優勝」

92年にわたるサッカー・ワールドカップ史上最も素晴らしい決勝戦のひとつとなった日曜日の試合で、劇的なPK戦の末にアルゼンチンがフランスを破り、3度目の優勝を摑み取った。リオネル・メッシのW杯の夢がついに実現した。

2022年12月19日

今日の
ポイント

### 「PK戦で」、英語で言うと?

on penalties および in a penalty shootout はサッカー用語で「PK戦で」という言い方。今日のタイトルでは beat ～ on penalties「PK戦で～を倒す」「PK戦で～を破る」という言い方になっています。

また、本文では beat が defeat で言い換えられてはいますが、基本的に同義。Argentina defeated France in a dramatic penalty shootout の部分は「アルゼンチンが劇的なPK戦でフランスを破った」ということですね。

# Japan Unveils Biggest Military Buildup Since World War II

The Japanese government has approved its biggest military buildup since the Second World War and plans to acquire counterstrike capability, citing increasing threats posed by China and North Korea.　　　　Dec20,2022

## CHECK! ▌▌▌▶

- [ ] **unveil** [ʌnvéil] … ～を発表する
- [ ] **military buildup** … 軍備増強、軍備拡張
- [ ] **World War II (=Second World War)** … 第二次世界大戦
- [ ] **approve** [əprúːv] … ～を承認する
- [ ] **acquire a counterstrike capability** … 反撃能力を獲得する
- [ ] **cite** [sáit] … ～を引用する
- [ ] **increasing threats** … 増大する脅威
- [ ] **posed by** … ～がもたらす

---

### ☰　　　　　　　　訳出のポイント

- build up は「～を高める」「増大させる」「～を増強する」「～を築き上げる」「～を作り上げる」といった意味の成句。この build up が名詞化したのが buildup (=build-up) で、兵力などの「増強」「強化」という意味になっています。そこで、military buildup は「軍事的な増強」→「軍備増強」「軍備拡大」ということですね。

- 防衛費をめぐって、日本政府は16日、2023年度から5年間の総額を43兆円程度とすることを閣議決定。現行5年間計画から1.6倍に積み増すこととなり、過去最大の増額です。

---

# 「日本、戦後最大の軍備増強を発表」

日本政府は、中国および北朝鮮からの脅威が増大しているとして、第二次世界大戦後最大の軍備増強と反撃能力を獲得する計画を承認した。

2022 年 12 月 20 日

TODAY'S POINT
今日の
ポイント

### 「～を引用する」
### 「～を引き合いに出す」cite

cite は「～を引用する」「～を引き合いに出す」という動詞。英字新聞では、しばしば citing ～という形で「～を引用して」「～を引き合いに出して」という言い方として使われます。

動詞 pose は絵や写真のために「ポーズをとる」という意味でもあると同時に、危険や問題などを「引き起こす」「もたらす」の意味でも頻出。受動態の (be) posed by ～で「～によって引き起こされる」「～によってもたらされる」という言い方になります。

これらを踏まえると、本文末尾の citing 以下は「中国と北朝鮮によってもたらされる増大している脅威を引き合いに出して」→「中国および北朝鮮からの脅威が増大しているとして」というわけですね。

# US Announces Breakthrough in Nuclear Fusion Energy

The U.S. Department of Energy announced a historic breakthrough in research for nuclear fusion, a potential energy source for the next generation.                    Dec22,2022

## CHECK! ▮▮▮▮▶

☐ **breakthrough** [bréikθrùː] … ブレークスルー、画期的進展
☐ **nuclear fusion** … 核融合
☐ **the U.S. Department of Energy** … 米国エネルギー省
☐ **potential** [pəténʃəl] … 可能性がある
☐ **energy source for the next generation** … 次世代のエネルギー源

---

| ≡ | 訳出のポイント |
|---|---|

● fusion は「融解」「溶解」「融合」。nuclear fusion で「核融合」、nuclear fusion energy だと「核融合エネルギー」ということですね。核融合とは、水素のような軽い原子核が衝突（融合）して、ヘリウムなどのより重い原子核に変わる現象で、その過程で大きなエネルギーが放出されることから、energy source for the next generation「次世代のエネルギー源」として注目されています。

● potential は「可能な」「可能性がある」「起こりえる」「潜在的な」という形容詞。そこで、nuclear fusion, a potential energy source for the next generation の部分は「潜在的な次世代のエネルギー源（である核融合）」→「次世代のエネルギー源になる可能性のある（核融合）」→「次世代のエネルギー源として期待される（核融合）」となっています。

☰　　　　　　　　　対訳

# 「米、核融合エネルギーでブレークスルーと発表」

アメリカのエネルギー省が、次世代のエネルギー源として期待される核融合の研究における歴史的なブレークスルーを発表した。

2022 年 12 月 22 日

TODAY'S POINT
**今日の
ポイント**

### 日本語にしづらい単語 breakthrough

break through は軍隊などが「〜を打ち破る」「〜を突破する」、あるいは科学者などが努力の末に「成功を収める」、次の発見の手がかりになるような「一大発見をする」という成句。これが名詞化した breakthrough は英字新聞では、研究などにおける「大発見」「大成功」「躍進突破口」という意味合いで、よく登場します。

なかなか日本語にしづらい単語ということもあり「ブレークスルー」といわれることも多いですね。今日の対訳でも、そのまま「ブレークスルー」としています。

# January,2023

# 2023年1月

| | |
|---|---|
| 5日 | 日本円上昇、1ドル=130円下回る |
| 10日 | ブラジル:前大統領支持者らが議事堂襲撃 |
| 11日 | アルツハイマー治療薬「レカネマブ」、米FDAが迅速承認 |
| 12日 | マクドナルド日本、10ヶ月で3度目の値上げ |
| 16日 | YMOの高橋幸宏さんが死去、70歳 |
| 19日 | 中国の人口減少、61年ぶり |
| 20日 | ゲッティイメージズ、画像生成AI会社を提訴 |
| 24日 | 車いすテニスの国枝慎吾が引退 |
| 26日 | ジャスティン・ビーバー、2億ドルで楽曲売却 |
| 30日 | LVMH、売上・利益が過去最高に |

# Japanese Yen Breaks below 130

The Japanese yen rose sharply and broke the symbolic 130-level against the US dollar at one time on Tuesday for the first time since June.

Jan5,2023

## CHECK! ▐▐▐▐▶

- [ ] **break** [bréɪk] … （記録を）破る、更新する
- [ ] **rise sharply** … 急上昇する、急騰する
- [ ] **symbolic** [sɪmbá:lɪk] … 象徴的な
- [ ] **at one time** … 一時

### ≡　　　　　　　　訳出のポイント

- at one time は「かつては」「ある時には」「一時は」という言い方。そこには“現在はそうではない”というニュアンスが含まれています。英字新聞では、株価や為替関連の記事で、“終値はそうではないが”「一時期～をつけた」「一時期～だった」という文脈でしばしば登場する表現となっています。本文末尾の for the first time since June は「6月以来初めて」。since June の June「6月」は、“（過去の）直近の6月”を指すので、対訳ではわかりやすいように「昨年6月以来初めて」と訳しています。

- 1月3日の外国為替市場では日本円が米ドルに対して急上昇。一時は1ドル＝129円台半ばをつけて、去年6月以来約7ヶ月ぶりの円高水準となりました。

# 「日本円上昇、1ドル＝130円下回る」

火曜日、日本円は米ドルに対して急上昇し、一時は象徴的な1ドル＝130円水準を昨年6月以来初めて下回った。

2023年1月5日

**今日の
ポイント**

### 「破る」「更新する」
### という意味も持つ動詞 break

「こわす」「割る」「くだく」などの意味でおなじみの動詞 break。今日の場合は記録などを「破る」「更新する」という意味で登場しています。

break の後ろに具体的な数字が来る場合は、

「〜（という数字）を更新する」→「〜を上回る（下回る）」

という意味になります。

今日の記事の内容は、日本円（対米ドル）相場についてなので、タイトルでは「日本円が130円（を下回る数字）を更新する」

→「日本円が（上昇して）、130円以下となる」

→「日本円が上昇して、（1ドル＝）130円を下回る」

ということですね。

また、本文では broke the symbolic 130-level against the US dollar で「米ドルに対して象徴的な130円水準を破った」→「象徴的な1ドル＝130円水準を下回った」となっています。

# Brazil: Supporters of Ex-President Attack Congressional Building

About 3,000 supporters of Brazil's former president Jair Bolsonaro broke into the country's congressional building, Supreme Court, and presidential palace in the capital Brasilia on Sunday.　　　　Jan10,2023

## CHECK! ||||▶

- ☐ **supporter** [səpɔ́ːrtər] **(s)** … 支持者
- ☐ **ex-president (=former president)** … 前大統領
- ☐ **congressional building** …（国会）議事堂
- ☐ **break into** … ～に押し入る、乱入する
- ☐ **Supreme Court** … 最高裁判所
- ☐ **presidential palace** … 大統領府
- ☐ **capital** [kǽpətl] … 首都

---

**≡　　　　　　　　訳出のポイント**

- break into ～は泥棒、不審者などが「～に侵入する、押し入る」という成句。「～に乱入する、暴れ込む」というような、やや暴力的なニュアンスで使われることも少なくありません。今日の本文でも、タイトルの attack「～を襲う、襲撃する」を言い換える形で break into ～が用いられており、（暴力的に）「侵入した」→「乱入した」という意味合いになっていますね。

- congress はもともと代表者、委員などによる正式な「会議」「大会」「学会」を意味する名詞。ここから、米国、中南米諸国の「国会」「議会」を指す語にもなっています。

---

# 「ブラジル：前大統領支持者らが議事堂襲撃」

ブラジルの首都ブラジリアで日曜日、ジャイール・ボルソナーロ前大統領の支持者ら約3000人が、国会議事堂、最高裁判所、大統領府へ押し入った。

2023年1月10日

## 「前大統領」、何て言う?

接頭辞 ex- は名詞、形容詞につけて「前の〜」「前〜」の意味になります。つまり、ex-president で「前大統領」ということですね。

ただし、ex- には「外へ追い出された」「選ばれなかった」といったマイナスのイメージもともなうため、former president の方が適切だという考え方もあるので、参考にしてください。

# Alzheimer's Drug Lecanemab Receives FDA's Accelerated Approval

The US Food and Drug Administration has granted accelerated approval for the Alzheimer's disease drug lecanemab, that appears to slow the progression of cognitive decline in early and mild cases.          Jan11,2023

## CHECK! ▮▮▮▮▶

☐ **Alzheimer's** [ɑ́:ltshaimərz] **(disease)** … アルツハイマー病

☐ **FDA (=Food and Drug Administration)** …【米】食品医薬品局

☐ **receive (grant) accelerated approval** … 迅速承認を受ける（与える）

☐ **appear to V** … 〜するようにみられる

☐ **slow the progression** … 進行を遅らせる

☐ **cognitive decline** … 認知機能の低下

☐ **early and mild case(s)** … 早期および軽症患者

---

≣          訳出のポイント

● Alzheimer's は正式には Alzheimer's disease「アルツハイマー病」。日本語でも「アルツハイマー」といわれることが多いように、英語でもしばしば disease は省略されるわけですね。

● accelerated は「加速された」「早められた」という形容詞。accelerated approval で「早められた承認」。主に医薬品、新薬などの「迅速承認」を意味しています。

# 「アルツハイマー治療薬『レカネマブ』、米 FDA が迅速承認」

米食品医薬品局が、アルツハイマー病の治療薬「レカネマブ」を迅速承認した。同薬は早期および軽症患者の認知機能低下の進行を遅らせるとみられる。

2023 年 1 月 11 日

TODAY'S POINT

今日の
ポイント

## 客観的事実について述べる場合に使う
## appear

appear はもともと「現れる」「見えてくる」「姿を現す」といった意味の動詞。appear to V で「〜のように見える」「〜のように思える」という表現になります。

動詞 seem を用いて seem to V でもほぼ同じ意味合いになりますが、【seem】が客観的事実と主観的印象・気持ちのどちらについて述べるときにも用いられるのに対して、【appear】は原則、客観的事実について述べる場合に限定されます。また、appear は seem よりも概して【正式】なニュアンスになっています。

# McDonald's Japan to Hike Prices for 3rd Time in 10 months

McDonald's Japan announced its third price hike in 10 months, citing the rising costs of materials, logistics, labor, and energy, as well as currency fluctuations.

Jan12,2023

## CHECK! ▎▎▎▎▶

☐ **hike prices** … 値上げする
☐ **price hike** …【名詞】値上げ
☐ **rising** [ráɪzɪŋ] …【形容詞】上昇する
☐ **cite** [sáɪt] … ～を引用する
☐ **cost of materials (logistics, labor)** … 原材料（物流、人件）費
☐ **A as well as B** … A および B
☐ **currency fluctuations** … 為替変動

---

**≡**　　　　　　　訳出のポイント

- hike は「ハイキング」「徒歩旅行」、あるいは家賃、価格などの「引き上げ」という名詞としてもよく使われます。そこで、本文では price hike で「価格の引き上げ」→「値上げ」となっています。

- マクドナルドが、昨年 3 月、9 月に続き、過去 3 度目の価格改定（＝値上げ）を発表しました。1 月 16 日からメニューの約 8 割の価格を引き上げるということで、例えばハンバーガーは現在の 150 円から 170 円になります。

# 「マクドナルド日本、10ヶ月で3度目の値上げ」

マクドナルド日本が、過去10ヶ月で3度目の値上げを発表した。原材料費、物流費、人件費、エネルギー費の上昇、および為替変動を理由としている。

2023年1月12日

TODAY'S POINT
今日の
ポイント

### ズボンを「引き上げる」と家賃を「引き上げる」

hike はもともと「ハイキングをする」「山(田舎)を歩き回る」という動詞。その現在分詞が名詞化した語が hiking で、これが日本では外来語として浸透し「ハイキング」として定着したという流れとなっています。

この動詞 hike は、米国ではズボン、靴下などを「引き上げる」あるいは家賃、賃金などを(急に)「引き上げる」という意味でも使われます。したがって、タイトルの hike prices は「価格を引き上げる」→「値上げする」ということですね。

# Yukihiro Takahashi of Yellow Magic Orchestra Dies at 70

Yukihiro Takahashi, the drummer and vocalist for electronic music pioneers Yellow Magic Orchestra, died of aspiration pneumonia. He was 70.                                         Jan16,2023

## CHECK! ▐▐▐▐▶

- ☐ **electronic music** … エレクトロニック・ミュージック、電子音楽
- ☐ **pioneer** [pàiəníər] **(s)** … 先駆者、草分け
- ☐ **die of** … 〜で死亡する
- ☐ **aspiration pneumonia** … 誤嚥（ごえん）性肺炎

| ☰ | 訳出のポイント |
|---|---|

- pneumonia の語源は「肺」を意味するギリシア語 pneumon。その後ろに、病名・病的症状を表す名詞を作る接尾辞 -ia が付いて「肺の病気」→「肺炎」という名詞になっています。頭のp は無音で、[nu:móuniə]（ヌーモウニア）という発音になる点にも気をつけましょう。

- aspiration は「切望」「豊富」「向上心」、あるいは「呼吸」「呼気」を意味する名詞ですが、医学用語だと嘔吐物や液体などの異物を肺に吸い込む「吸引」「誤嚥（ごえん）」の意味になります。aspiration pneumonia で「誤嚥性肺炎」ということですね。

- 日本が誇る伝説的テクノバンド YMO のドラマーとして活躍したミュージシャン高橋幸宏さんの訃報でした。高橋さんが作曲した「ライディーン」などがヒットし、国内外で社会現象的なテクノポップ・ブームを引き起こしました。

# 「YMO の高橋幸宏さんが死去、70 歳」

エレクトロニック・ミュージックの草分け的存在である
イエロー・マジック・オーケストラのドラマーでボーカ
リストの高橋幸宏さんが、誤嚥性肺炎で亡くなった。70
歳だった。

2023 年 1 月 16 日

### pioneer の語源は古仏語 peon

pioneer の語源は「道を切り開く先発歩兵」という意味の
古仏語 peon。ここから「開拓者」「先駆者」「草分け」を意
味する名詞となっています。「パイオニア」という外来語と
しても、すでに日本語に浸透していますね。
今日の場合は electronic music pioneers と、直後の Yellow
Magic Orchestra のことを指す形で使われています。つま
り「エレクトロニック・ミュージックの草分け（先駆者）
であるイエロー・マジック・オーケストラ」。pioneers と複
数形になっているのは、Yellow Magic Orchestra が"（メ
ンバーが複数いる）先駆者たちの集団"であるからですね。
対訳では「エレクトロニック・ミュージックの草分け的存
在であるイエロー・マジック・オーケストラ」としていま
す。

# China's Population Falls for First Time in 61 Years

China has announced its first population decline since 1961, as the world's most populous nation ages and its birth rate drops.

Jan19,2023

## CHECK! ▰▰▰▶

- ☐ **population** [pàːpjəléɪʃən] … 人口
- ☐ **fall** [fɔ́ːl] … 下落する → 減少する
- ☐ **decline** [dɪkláɪn] …【名詞】減少
- ☐ **populous** [páːpjələs] … 人口の多い
- ☐ **age** [éɪdʒ] …【動詞】高齢化する
- ☐ **birth rate** … 出生率
- ☐ **drop** [dráːp] … 落ちる → 低下する

---

**≡**　　　　　　　　**訳出のポイント**

- decline はもともと申し出などを「断る」「辞退する」、あるいは体力・健康などが「衰える」、価値などが「低下する」という動詞。ここから「衰え」「衰退」、あるいは「下落」「低下」という名詞としてもしばしば使われます。ここでは population decline で「人口の低下」→「人口減少」ということですね。

- 中国政府は 2022 年末の中国本土の人口が推計 14 億 1175 万人となり、前年に比べて 85 万人減少したと発表しました。中国における人口減少は、政策の失敗により多数の餓死者が出たとされる 1961 年以来、61 年ぶりとのこと。国連は、2023 年中にインドの人口が中国を抜いて世界一になると予想しています。

---

# 「中国の人口減少、61年ぶり」

中国が、1961年以来初の人口減少を発表した。人口世界一の同国では、高齢化が進み出生率が低下している。

2023年1月19日

### 語源は同じ、意味は違う
### 「population」と「populous」

population は「人を住まわす」という意味の動詞 populate に、【結果の状態】を表す名詞をつくる接尾辞 -ation が付いた語で、「人を住まわせた結果の住民数」→「人口」の意。タイトルでは China's population falls で「中国の人口が下落する」→「中国の人口が減少する」となっています。

populous は前述の populate および population と語源を同じとする形容詞で、「人が多い」「人口が多い」。本文後半の the world's most populous nation「世界で最も人口が多い国」は、主文の主語である China を言い換えた表現ですね。

# Getty Images Sues Image Generative AI Company

Stock image giant Getty Images announced a lawsuit against Stability AI, the maker of popular AI art tool Stable Diffusion, for copyright infringement.

Jan20,2023

## CHECK! ▶

- [ ] **sue** [s(j)úː] … 〜を訴える、告訴する
- [ ] **Image generative AI** … 画像生成 AI
- [ ] **stock image giant** … ストック画像大手
- [ ] **lawsuit against** … 〜に対する訴訟
- [ ] **popular** [pɑ́ːpjələr] … 一般向けの
- [ ] **AI art tool** … AI アートツール
- [ ] **copyright infringement** … 著作権侵害

---

### ≡　　　　　　　　　訳出のポイント

- AIはすでに日本語としても定着していますが、artificial intelligence の略で「人工知能」ですね。generative は「生み出す」「生産する」などの意味の動詞 generate から派生した形容詞で、「生み出す能力がある」「生産（生成）できる」の意。そこで、image generative AI は「画像を生成できる AI」→「画像生成 AI」、主に文章（テキスト）などを打ち込むことで、自動的に画像を生成する AI を指しています。

- Getty Images「ゲッティイメージズ」は、米ワシントンに本社を置く写真画像代理店で、3億点を超える画像、映像、音楽素材をインターネット経由で提供する stock image giant「ストック画像の大手（会社）」です。

---

# 「ゲッティイメージズ、画像生成 AI 会社を提訴」

ストック画像大手のゲッティイメージズが、一般向けの AI アートツール Stable Diffusion を開発した Stability AI を著作権侵害で提訴したと発表した。

2023 年 1 月 20 日

今日の
ポイント

### 法律用語 lawsuit

lawsuit は法律用語で「訴訟」。lawsuit against 〜で「〜に対する訴訟」「〜を相手取った訴訟」という意味になります。

今日の本文では、announce a lawsuit against 〜で「〜を相手取った訴訟を発表する」→「〜に対して訴訟を起こしたことを発表する」という言い方で使われています。

# Wheelchair Tennis Player Shingo Kunieda Retires

World No.1 wheelchair tennis player Shingo Kunieda announced his retirement from the sport on Sunday. The 38-year old Japanese has won four Paralympic gold medals and 50 Grand Slam titles.

Jan24,2023

## CHECK! ▶

- [ ] **wheelchair tennis player** … 車いすテニス選手
- [ ] **retire** [rɪtáɪər] … 引退する
- [ ] **retirement from the sport** … 競技からの引退 → 現役引退
- [ ] **Paralympic gold medal(s)** … パラリンピック（での）金メダル
- [ ] **Grand Slam title(s)** …【テニス】四大大会

≡  **訳出のポイント**

- wheel は「車輪」「輪」を意味する名詞。そこで、wheelchair は「車輪（つきの）いす」→「車いす」というわけです。

- 「勝つ」「勝利する」「優勝する」という意味でおなじみの動詞 win は、「～を勝ち取る」「～を獲得する」という意味でもよく使われますね。has won four Paralympic gold medals and 50 Grand Slam titles の部分も「4個のパラリンピック金メダルと 50 の四大大会優勝を獲得した」→「パラリンピックで4個の金メダルを獲得して、四大大会では 50 回の優勝を果たした」というわけです。

# 「車いすテニスの国枝慎吾が引退」

車いすテニスで世界ランキング1位の国枝慎吾が日曜日、現役引退を発表した。日本出身で38歳の国枝は、パラリンピックで4個の金メダルを獲得、四大大会では50回の優勝を果たした。

2023年1月24日

TODAY'S POINT
今日の
ポイント

### 「退職する」「引退する」という意味で頻出 retire

動詞 retire の原意は「引き下がる」「退く」です。ここから、「退職する」「引退する」という意味で頻出の重要単語となっていますね。

また、本文で登場している retirement は、この動詞 retire の後ろに【結果】【状態】【動作】【手段】【場所】などを表す名詞を作る接尾辞 -ment が付いたもの。すなわち、「退職」「引退」ということですね。今日の場合は、announce one's retirement で「引退を発表する」という言い方になっています。

また、retirement from the sport は「そのスポーツ競技からの引退」→スポーツ選手の「現役引退」を意味します。

したがって announced his retirement from the sport の部分は「現役引退を発表した」ということですね。

# Justin Bieber Sells Rights to Songs for $200M

Canadian singer Justin Bieber has sold the rights to his 291 songs, including global hits such as "Baby" and "Sorry", to Hipgnosis Songs Capital for a reported $200 million.

Jan26,2023

## CHECK! ▐▐▐▐▶

- ☐ **sell ~ (to … ) for $_** … $_ドルで~を（…へ）売却する
- ☐ **rights to songs** … 楽曲の権利
- ☐ **including** [ɪnklúːdɪŋ] … ~を含む
- ☐ **global hit(s)** … 世界的なヒット（曲）
- ☐ **A such as B** … （例えば）B のような A

≡　**訳出のポイント**

- A such as B は「（例えば）B のような A」という言い方。ここでは、global hits such as "Baby" and "Sorry" で「例えば『ベイビー』や『ソーリー』のような世界的ヒット曲」ということですね。

- カナダ出身の人気歌手ジャスティン・ビーバーが、2021 年末までに発表した自身の楽曲 291 曲の権利を、英ヒプノシス・ソングス・キャピタル社に売却したというニュース。音楽業界ではストリーミング配信の利用拡大で、楽曲をめぐる権利の価値が上昇しているとされ、米歌手ボブ・ディラン、ブルース・スプリングスティーン、英歌手スティングなど、大物ミュージシャンによる売却が相次いでいます。

# 「ジャスティン・ビーバー、2億ドルで楽曲売却」

カナダ出身の歌手ジャスティン・ビーバーが、『ベイビー』や『ソーリー』などの世界的ヒット曲を含む楽曲291曲の権利を、ヒプノシス・ソングス・キャピタルに売却した。売却額は2億ドル（約260億円）だという。

2023年1月26日

TODAY'S POINT
今日の
ポイント

### 「__ドルで〜を…へ売る」
### Sell 〜 to… for $_

sell は「売る」「売却する」という動詞。Sell 〜 to… for $_ で「__ドルで〜を…へ売る」という言い方になっています。今日のタイトルでは、〜の部分は rights to songs「楽曲に対する権利」→「楽曲の権利」となり、to …は省略されています。

したがって、「ジャスティン・ビーバーが、楽曲の権利を2億ドルで売却する」ということですね。

# LVMH Reaches New Heights of Sales and Profits

Moet Hennessy Louis Vuitton experienced a second straight year of record revenue and profits. The world's biggest luxury brand group posted a record sales of 79.2 billion euros in 2022.　　　　　　　　　　　Jan30,2023

**CHECK! ▬▬▶**

☐ **reach new heights** … 頂点を極める → 記録に達する
☐ **sales** [séɪlz] … 売上
☐ **profit** [prɑ́:fət]**(s)** … 利益
☐ **experience a _th straight year** … __年連続となる
☐ **revenue** [révən(j)ùː] … 収益　☐ **luxury brand** … 高級ブランド
☐ **post a record sales** … 過去最高の売上を記録する

---

| ☰ | 訳出のポイント |
|---|---|

● LVMH と略される Moet Hennessy Louis Vuitton「モエヘネシー・ルイヴィトン」。ファッション高級ブランドのルイ・ヴィトンと、世界有数のシャンペン・コニャック製造会社モエ・ヘネシーが1987年に合併して誕生した、フランスの conglomerate「コングロマリット」「複合企業」。多くのファッションブランドを抱える、the world's biggest luxury brand group「高級ブランドグループの世界最大手」としてよく知られていますね。

● height は「高い」の意味でおなじみの形容詞 high から派生した名詞で、「高さ」「高いこと」の意。「身長」の意味でも使われます。また、「最高点」「頂点」「最高位」といった意味にもなり、この場合は heights と複数形が通例です。

# 「LVMH、売上・利益が過去最高に」

高級ブランド世界最大手のモエヘネシー・ルイヴィトンは、収益・利益ともに2年連続で過去最高額を記録した。2022年の売上は過去最高の792億ユーロ（約11兆1650億円）だったという。

2023年1月30日

今日の
ポイント

## 会計用語、英語で何と言う?

ここで、簡単に会計用語を整理しておきましょう。revenue「収益」は【会社に入ってくるお金】。その内訳の中にはsales「売上」が含まれますが、その他にも会社によっては配当金、ライセンス料など様々な収入が含まれます。
そして、前述の「収益」からcost「経費」を差し引いたものがprofit「利益」というわけです。

# February,2023

# 2023年2月

# Sweden Discovers Major Rare Earth Deposit

The Swedish government recently announced it has found Europe's largest deposit of rare earth minerals in the northern region of the country.

Feb1,2023

## CHECK! ▮▮▮▮▶

☐ **discover** [dɪskʌ́vər] **(=find)** … 発見する

☐ **rare earth deposit**
   **(=deposit of rare earth minerals)** … レアアース鉱床

☐ **recently** [ríːsntli] … 最近 → 先ごろ

☐ **northern region** … 北部

---

### ☰          訳出のポイント

● rare earth は rare earth mineral「希土類鉱物」、あるいは rare earth element「希土類元素」を指します。日本語でも「レアアース」と呼ばれるようになっていますね。rare metal「レアメタル」「希少金属」の一種で、全部で17種類の元素（鉱物）から成るグループということです。

● deposit はもともと、物などをある場所に「置く」「おろす」という動詞。地質・化学用語では、（自然現象が）泥などを「堆積させる」「沈殿させる」という意味に使われます。そして、ここから、「堆積したもの」→鉱石、石油などの「鉱床」「埋蔵物」という名詞にもなっています。rare earth deposit および deposit of rare earth minerals で「レアアース鉱床」ということですね。

---

# 「スウェーデン、大規模レアアース鉱床を発見」

スウェーデン政府は先ごろ、同国北部でヨーロッパ最大規模のレアアース鉱床が見つかったと発表した。

2023年2月1日

## 「発見する」discover、find

discover は【dis-（除く）＋ cover（覆い）】という成り立ちの語で、「覆いを除く」→「発見する」という動詞ですね。

また、本文では find（found＝過去形・過去分詞）が、「見つける」→「発見する」とほぼ同じ意味で用いられていますね。

# IMF Upgrades Outlook for Global Economy in 2023

The International Monetary Fund revised upward its global growth projections this year to 2.9% in its latest economic outlook released on Monday.

Feb2,2023

## CHECK! ▏▎▍▶

- ☐ **IMF (=International Monetary Fund)** … 国際通貨基金
- ☐ **upgrade** [ʌ̀pgréɪd] **(=revise upward)** … 〜を上方修正する
- ☐ **outlook** [áutlùk] … 見通し
- ☐ **growth projection(s)** … 成長予測
- ☐ **release** [rɪlíːs] … 公表する、発表する

---

### ☰    訳出のポイント

- outlook はもともと「外を見る」「見晴らす」という意味の成句 look out が逆転名詞化した語で、「見晴らし」「眺望」の意。ここから、物事の（将来的な）「見通し」「展望」「概観」あるいは、物事に対する「見解」「見方」「態度」といった意味でよく使われる単語となっています。

- IMF（国際通貨基金）は 30 日に世界経済の最新見通しを公表。2023 年の経済成長率を前回（昨年 10 月）の予測よりも 0.2 ポイント引き上げて、2.9％へ上方修正しました。多くの国・地域でインフレが低下傾向にあることや、中国政府の「ゼロコロナ政策」転換などを要因に挙げています。日本経済については、日銀の金融緩和継続により今年は 1.8％の成長、しかし来年はその効果がうすれ、0.9％にとどまる見通し、としています。

---

# 「IMF、2023年の世界経済見通しを上方修正」

国際通貨基金は、月曜日に発表した最新の経済見通しで、2023年の世界経済成長予測を2.9%に上方修正した。

2023年2月2日

**反対語とペアで覚えたい、upgrade と revise upward**

動詞 upgrade は「グレードアップする」「格上げする」の意。性能、機能、効果、品質、価値などを「高める」「よくする」という意味合いで使われます。最近では、「コンピュータやソフトをより新しいものに替える」=「アップグレードする」という表現としても浸透していますね。

今日のタイトルでは、upgrades outlook for Global Economy in 2023 で「2023年の世界経済見通しを格上げする」→「2023年の世界経済見通しを上方修正する」ということですね。

また、revise は「〜を改訂する」「〜を変える」「〜を見直す」という動詞で、upward が「上へ」「上向きに」という副詞なので、本文で使われている revise upward は「上方に変える」→「上方修正する」という言い方になっています。

どちらも、反対語とあわせて「upgrade ⇔ downgrade」「revise upward ⇔ revise downward」とペアで確認しておきましょう。

# US Jet Shoots Down 'Unidentified Object' over Canadian Airspace

Canadian Prime Minister Justin Trudeau said on Saturday that a U.S. fighter jet shot down an "unidentified object" that violated Canadian airspace.

Feb13,2023

## CHECK! ▮▮▮▮▶

☐ **shoot down** … ~を撃墜する
☐ **unidentified (flying) object** … 未確認（飛行）物体
☐ **airspace** [éərspeìs] … 領空
☐ **fighter jet** … 戦闘機
☐ **violate airspace** … 領空侵犯する

≡    訳出のポイント

● violate は法律、協定などに「違反する」「破る」、神聖な場所などを「汚す」「冒瀆する」、権利、私生活などを「侵害する」という動詞。今日の場合は violate (the) airspace で「領空を侵犯する」という言い方になっています。

● 11 日、カナダ北部の領空を正体不明の飛行物体が侵犯し、米国とカナダの防衛組織 NORAD (North American Aerospace Defense Command)「ノーラッド」「北米航空宇宙防衛司令部」から、米、加両軍の戦闘機がスクランブル発進。トルドー首相の指令によって、米軍の F 22 ステルス戦闘機がこの飛行物体を撃墜したということです。

# 「米軍機、カナダ領空で『未確認物体』を撃墜」

カナダのジャスティン・トルドー首相は土曜日、カナダの領空に侵入した未確認飛行物体を、米戦闘機が撃墜したと発表した。

2023 年 2 月 13 日

TODAY'S POINT
今日の
ポイント

### 「UFO」、何の略?

identify は人物（物）を誰（何）であるかを「確認する」「認定する」という動詞。identify の過去分詞形 identified に否定の接頭辞 un- が付いた形容詞 unidentified は人、物、事が「確認されていない」「未確認の」、身元、正体が「不明の」の意。

そこで、unidentified object は「未確認物体」「正体不明のもの」「不審物」の意味になります。今日の記事では、空中での unidentified object なので、unidentified flying object「未確認飛行物体」を指していると考えられます。文脈から明らかなので flying は省略されているわけですね。

ちなみに、主に「宇宙人の飛行物」という意味でおなじみの UFO がこの unidentified flying object の略語であることは、日本ではあまり知られていませんね。余談にはなりますが、ここで確認しておきましょう。

# Turkey Quake: Death Toll Tops 34,000

The death toll has reached over 34,000 from the enormous earthquake that struck a border region of Turkey and Syria a week ago.

Feb14,2023

## CHECK! ▐▐▐▐▶

- [ ] **death toll** … 死亡者数
- [ ] **top** [tá:p] **(reach over)** … ～を超える
- [ ] **enormous earthquake** … 巨大地震
- [ ] **strike** [stráɪk] **( → struck)** … （災害が）～を襲う
- [ ] **border region** … 国境地域

### ☰　訳出のポイント

- enormous は【e-（～の外へ）＋ -normous（規範、基準）】という成り立ちの語。「基準の外へ」→「基準を超えた」→「異常に大きい」「巨大な」「莫大な」という意味の形容詞になっています。また、程度や範囲が「ものすごい」「ひどい」という意味合いでも使われます。

- トルコ南部で6日に発生したマグニチュード7.8の巨大地震や、その後も続く大きな揺れにより、トルコおよび隣接するシリアでは、これまでに合わせて3万4000人を超える死者が確認されました。

# 「トルコ地震、死者3万4000人超に」

トルコとシリアの国境地域を襲った巨大地震から1週間後、死亡者数は3万4000人を超えた。

2023年2月14日

**今日のポイント**

### 「犠牲者数」「通行料」などの意味を持つ toll

death toll は事故、災害、戦争などによる「死亡者数」という意味で、英字新聞頻出の重要表現。しっかり、再確認しておきましょう。

toll の語源は「税金」を意味するギリシア語 telos。日本ではあまりなじみのない単語ですが、道路、橋などの「通行料」、港湾などの「使用料」、米国では長距離電話の「通話料」といった意味で、よく使われる語です。「高速道路の通行料金」、いわゆる「高速代」も英語では toll になるわけです。

また、これらの意味に加えて、toll は「被害」「損害」「犠牲（者数）」という意味にも使われます。death toll で「死亡者数」「死者（数）」というわけです。

# Study: Ultra-processed Food Linked to Cancer

Eating more ultra-processed foods increases the risk of developing and dying from cancer, according to a new study of over 197,000 people in the United Kingdom.

Feb16,2023

## CHECK! ▶▶▶▶

- [ ] **ultra-processed food** … 超加工食品
- [ ] **(be) linked to** … ～と関連がある
- [ ] **cancer** [kǽnsər] … がん
- [ ] **develop** [dɪvéləp] … （病気）を発症する
- [ ] **die from** … ～が原因で死亡する

## ☰　　　　　　訳出のポイント

● 「極端な」「最高の」「最上の」という意味の形容詞 ultra は日本人にはよく知られている英単語。名詞、形容詞の前に付く、接頭辞としての ultra- は「～（の範囲）を超えた」「極端な（に）～」「超～」という意味になっています。

● 「輪」「環」→「結合させるもの」→「きずな」「つながり」「連結」を意味する名詞の link。ここから、「～を結ぶ」「～をつなぐ」「～を関連づける」という動詞としてもよく使われます。そして、受動態の be linked to ～だと「～と結ばれた」「～と関連づけられた」→「～と関連している」「～と関係がある」「～とつながりがある」という言い方になるわけです。

≡ 対訳

# 「研究：超加工食品、がんと関連」

英国在住の 19 万 7000 人以上を対象とした最新の研究によると、超加工食品を多く食べると、がんを発症するリスク、がんで死亡するリスクが高くなるという。

2023 年 2 月 16 日

TODAY'S POINT
今日の
ポイント

### develop の目的語に
### 「病名」や「病状」が来ると……?

develop は「発達（発展）する」あるいは、「〜を発達（発展）させる」の意味でおなじみの動詞ですね。そして、目的語に病名や病状などが来ると「〜を患う」「〜を発症する」という意味になるので、確認しておきましょう。
ここでは develop cancer で「がんを発症する」「がんになる」ということですね。

# Bruce Willis Has Dementia

Bruce Willis' family revealed his new diagnosis of frontotemporal dementia about a year after they said the Die Hard series star would step away from acting due to aphasia.

Feb20,2023

## CHECK! ▮▮▮▮▶

- ☐ **dementia** [dɪménʃə] … 認知症
- ☐ **reveal** [rɪvíːl] … 〜を明らかにする
- ☐ **diagnosis** [dàɪəgnóusɪs] … 診断
- ☐ **frontotemporal dementia** … 前頭側頭型認知症
- ☐ **step away from acting** … 俳優業から引退する
- ☐ **due to** … 〜が原因で
- ☐ **aphasia** [əféɪʒə] … 失語症

---

### ☰　　　　　　訳出のポイント

- ●「〜を持っている」「〜を所有している」という意味でおなじみの基本動詞 have。目的語として病名などが来ると「〜を持っている」→「〜である」「〜を患っている」という意味になります。

- ●『ダイ・ハード』シリーズや『アルマゲドン』など数々のヒット映画に出演してきた米俳優のブルース・ウィリスさん。映画の舞台挨拶などでたびたび来日し、日本でも知らない人はいないほど、有名かつ人気のある俳優でした。去年3月、言葉を使う機能が損なわれる aphasia「失語症」のため突然の俳優業引退を公表しました。

---

# 「ブルース・ウィリスさんが認知症」

映画『ダイ・ハード』シリーズで主役を演じたブルース・ウィリスさんが、新たに前頭側頭型認知症と診断されたことを家族が明らかにした。同家族は約 1 年前に、失語症によるウィリスさんの俳優業引退を発表していた。

2023 年 2 月 20 日

TODAY'S POINT

**今日の
ポイント**

### step away from ~「引退する」

step away from ~ はもともと、「~から離れる」「~から身を引く」という成句。ここから、職業などから「離れる」→「引退する」という意味合いでもしばしば使われるので、確認しておきましょう。

そこで、step away from acting の部分は「演技から離れる」→「俳優業を引退する」となるわけです。

# Australia Becomes First Nation to Approve Medical Use of 'Magic Mushrooms'

Australia became the first country to officially recognize psychedelics as medicines after its Therapeutic Goods Administration (TGA) approved the use of MDMA and psilocybin, better known as ecstasy and magic mushrooms, to treat certain mental disorders.      Feb21,2023

## CHECK! IIII▶

☐ **approve** [əprúːv] … ～を承認する

☐ **medical use** … 医療目的での使用

☐ **magic mushroom(s)** … 幻覚キノコ

☐ **officially recognize A as B** … A を B として公認する

☐ **psychedelic** [sàɪkədélɪk] **(s)** … 幻覚剤

☐ **Therapeutic Goods Administration** …【豪】薬品・医薬品行政局

☐ **MDMA** … メチレンジオキシメタンフェタミン

☐ **psilocybin** [sìləsáibin] … サイロシビン

☐ **better known as** … ～としてよく知られている

☐ **ecstasy** [ékstəsi] … エクスタシー（幻覚剤：MDMA の別称）

☐ **treat certain mental disorders** … 特定の心の病を治療する

---

≡　　　　　　　　訳出のポイント

● nation は country と同義で「国」「国家」。そこで、今日のタイトルは「オーストラリアが『幻覚キノコ』の医療目的での使用を承認する最初の国になる」という意味になっています。

---

# 「医療用『幻覚キノコ』を豪州が承認、世界初」

オーストラリアの薬品・医薬品行政局は、エクスタシーおよびマジックマッシュルームとしてよく知られるMDMAとサイロシビンを、特定の心の病の治療に使用することを承認した。幻覚剤を薬として公認するのは豪州が初となる。

2023年2月21日

TODAY'S POINT

今日の
ポイント

### 形容詞としても使われる psychedelic

psychedelic は幻覚作用を起こす「幻覚剤」を意味します。この単語は「幻覚の」→「幻覚状態を想起させるような」→「サイケデリックな」という形容詞としてもよく使われます。あわせて確認しておきましょう。

# Biden Makes Surprise Visit to Ukraine

U.S. President Joe Biden made an unannounced and symbolic visit to Kyiv on Monday, almost a year to the day since Russia's invasion of Ukraine.

Feb22,2023

## CHECK! ▸

- [ ] **make a surprise visit to** … ～を電撃訪問する
- [ ] **unannounced** [ʌ̀nənáunst] … 予告なしの
- [ ] **symbolic** [sɪmbάːlɪk] … 象徴的な
- [ ] **to the day** … (日数が) きっかり、ちょうど
- [ ] **invasion** [ɪnvéɪʒən] … 侵攻、侵略

### ≡    訳出のポイント

● to the day は「1日も違わず」「きっかり」「ちょうど」という表現。そこで、本文後半の almost a year to the day since Russia's invasion of Ukraine の部分は、直前の Monday を言い換える文節であり、「ロシアのウクライナ侵攻から(ちょうど)ほぼ1年(である月曜日)」ということですね。

● アメリカのバイデン大統領が20日、首都キーウを電撃訪問し、ゼレンスキー大統領と会談をしました。ロシアによる侵攻開始から今月24日に1年を迎えるウクライナ……。今も戦闘が続く首都キーウを訪問することで、両国の結束を再確認し、米国の姿勢は揺るぎないことを内外へ強調した、まさに a symbolic visit「象徴的な訪問」だったと言えるでしょう。

# 「バイデン大統領、ウクライナ電撃訪問」

ロシアによるウクライナ侵攻からほぼ1年となる月曜日、ジョー・バイデン米大統領がキーウへの予告なしで象徴的な訪問を果たした。

2023年2月22日

## make a visit to ～ の 多彩な【成句】表現

make a visit to ～は「～を訪問する」という表現。単純に意味を考えると、visit ～とほぼ同じですが、英語ではこのように動詞と名詞を組み合わせた、いわゆる【成句】表現が好んで使われる傾向があります。

その理由のひとつは、名詞（この場合は visit）の前にさまざまな形容詞を加えることで、多彩な表現のバリエーションを簡単に作ることができるからです。

今日のタイトルの make (a) surprise visit to ～「～への突然の訪問をする」→「～を電撃訪問する」、本文の make an unannounced (and symbolic) visit ～「～へ予告なしの（象徴的な）訪問をする」などは、格好の例になっていますね。

その他にも、make a brief visit to ～「～への短い訪問をする」→「～に少し立ち寄る」、make a farewell visit to ～「～への別れの訪問をする」→「～に別れの挨拶に行く」のように、応用範囲は無限大です。ぜひ、使えるようにしておきましょう。

# Japanese Company Unveils Space Viewing Balloon Tours

Japanese startup Iwaya Giken announced its plan to launch space viewing tours on balloon flights.

Feb24,2023

## CHECK! ▐▐▐▐▶

☐ **unveil** [ʌnvéɪl] … ～を発表する
☐ **space viewing** … 宇宙遊覧
☐ **balloon tour(s)** … 気球ツアー、気球旅行
☐ **startup** [stártʌp] … スタートアップ（企業）
☐ **launch** [lɔ́ːntʃ] … ～を開始する

| ≡ | 訳出のポイント |
|---|---|

● viewing は「見ること」。ここから映画や芸術作品などの「鑑賞」、景観や歴史的建造物などの「観光」「遊覧」といった意味合いでも使われる語となっています。

● 2016 年創業の岩谷技研は、北海道に本社を置くベンチャー企業。高高度ガス気球と旅行用気密キャビンの設計、開発、製造を行っています。

● 同社の宇宙遊覧ツアーとは……気球で 2 時間かけて高度 25 キロの成層圏へと上昇後、同高度に 1 時間ほど滞在し、さらに 1 時間かけて地表へ帰還する、というもの。一般的な宇宙の定義とされる高度 80 ～ 100 キロ以上には届きませんが、黒い空、青い地球を見下ろす体験ができるそうです。

≡ 対訳

# 「日本企業、気球による宇宙遊覧ツアーを発表」

日本のスタートアップ企業の岩谷技研が、気球による宇宙遊覧ツアーを開始する計画を発表した。

2023 年 2 月 24 日

TODAY'S POINT
今日の
ポイント

## 句動詞 start up が名詞転換すると

startup は start-up とも記します。「始める」「指導する」→「開業する」「立ち上げる」という意味の句動詞 start up が名詞転換した語で、「開始」「始動」「新規企業の立ち上げ」「起業」あるいは、「立ち上げたばかりの企業」→「スタートアップ（企業）」「新興企業」の意味になっています。形容詞的に用いられ a startup company と言う場合もあります。

# European Commission Bans TikTok on Staff Devices

The European Commission has banned TikTok on staff smartphones and other devices to "protect data and increase cybersecurity".

Feb27,2023

## CHECK! ▮▮▮▮▶

- ☐ **European Commission** … ヨーロッパ委員会
- ☐ **ban** [bǽn] … 〜を禁止する
- ☐ **staff** [stǽf] … 職員の
- ☐ **device** [dɪváɪs] **(s)** … 装置 → 端末
- ☐ **protect data** … データを保護する
- ☐ **increase cybersecurity** … サイバーセキュリティを強化する

### ☰　　　　　訳出のポイント

- device は元来「装置」を意味する名詞。ここからコンピュータの「周辺機器」「デバイス」の意、さらに、スマートフォンやタブレット型端末など、モバイル環境用の機器を含めて smart device → device と呼ぶケースも増えています。日本語では、同じようなニュアンスで「端末」という言い方が一般的になっていますね。
- increase は「〜を増やす」「〜を強める」という動詞なので、increase cybersecurity だと「サイバーセキュリティを強化する」というわけですね。

≡ 対訳

# 「欧州委員会、職員の端末で TikTok を禁止」

ヨーロッパ委員会は、「データの保護とサイバーセキュリティの強化」のため職員の携帯やその他端末における TikTok の利用を禁止した。

2023 年 2 月 27 日

## 今日のポイント

### 動詞としても頻出の ban

ban はもともと法による「禁止」「禁止令」「禁制」という名詞。ここから「～を禁じる」「～を禁止する」という動詞としても頻出となっています。

今日の記事では ban TikTok on staff (smartphone and other) devices で「職員の（携帯電話およびその他の）端末における TikTok（の利用）を禁止する」ということですね。

## あの記事をさらに深掘り!

●ロシア南部でアザラシ 2500 頭の死骸、原因不明（18 ページ）

ロシア南部のカスピ海沿岸で、アザラシ約 2500 頭が死んでいるのが見つかったというニュース。当局によると、アザラシは数週間前に死んだとみられ、汚染物質や密猟者などによる危害などの形跡はなく、自然死の可能性が高いということです。

自然界では生き物が大量に死ぬ、いわゆる「大量死」が起きることが知られています。その原因については、全く解明されていません。ただ、2015 年以降に世界各地で大量死報告が特に目立っており、気候変動によって大量死の発生頻度が増加している可能性も指摘されているようです。

●冬に風邪やインフルにかかりやすい理由、とうとう解明か？（22 ページ）

冬になると風邪やインフルエンザなどが流行するのは、常識のようになっていますね。その理由としては「ウイルスは低温で乾燥した環境で感染力が高まるから」「ウイルスや細菌が拡散しやすい室内にいる時間が増えるから」などの説があげられているものの、科学的な根拠は示されていません。

今回、米ハーバード大学とノースイースタン大学のチームが行った研究では、「空気が冷たいと鼻孔内の免疫機能（反応）が損なわれる」という新たな生物学的メカニズムが発見された、といいます。具体的には、気温が 1 度下がると、鼻孔内に存在する細菌やウイルスと闘う細胞の数がほぼ半減することが明らかになった、といいます。我々の innate immune system「先天性免疫反応」が気温の低さによって制限されることが、生物学的・分子学的に示されたのは、今回の研究が世界初ということです。

### ●マクドナルド日本、10 ヶ月で 3 度目の値上げ（42 ページ）

グローバル経済では、各国のビッグマック価格がその国の経済指標のひとつと捉えられることはかなり有名ですね。日本では長らく 390 円時代が続いてきましたが、昨年、そして今回の値上げで新価格は 450 円になるとのこと。ちなみに、大幅なインフレに取り組む米国ではビッグマックは 5.47 ドル、日本円にして約 720 円と日本の 1.6 倍。一方で、カリフォルニア州を例にとると、マックのバイトの最低時給は 22 ドル（＝約 2900 円）だそうです。チップがもらえないファストフード店の最低賃金はチップ収入が見込まれる一般飲食店よりも高く設定されるという点を考慮しても、驚きの高水準ですね。我が日本と比較すると……色々考えさせられます。

### ●ジャスティン・ビーバー、2 億ドルで楽曲売却（52 ページ）

今回のジャスティン・ビーバーの楽曲売却は、若い世代のアーティストとしては、過去最大の売却契約ということです。現米税制ではシンガーソングライターが楽曲著作権を売った場合、資産売却益として 20 ％の税率が適応される、という租税優遇措置が取られています。一方、売り払わないで毎年著作権料を受け取る場合は、（最高で）37％の個人所得税を支払わなければならないそうです。しかし、バイデン政権が、このシンガーソングライターへの優遇措置を廃止するのではという観測、さらに個人所得税の最高税率を 39.6％まで引き上げる動きがあるということで、大物シンガーソングライターの楽曲売却が相次いでいるようです。著作権を保持していれば、生涯にわたって収入は得られるがその分割高の税金も取られる……一般人にとっては何とも羨ましいジレンマのような。

# March,2023

| | |
|---|---|
| 1 | **Djokovic Breaks Record for Most Weeks As World No. 1** |
| 2 | **10 Million Yen Found in Garbage Collected in Sapporo, Japan** |
| 3 | **Japan's Births Hit New Record Low in 2022, Below 800,000 for 1st Time** |
| 6 | **Half of World on Track to Be Overweight Or Obese by 2035** |
| 7 | **Japan Ranked 104th in World Bank's Gender Disparity Survey** |
| 14 | **Japan Eases Mask Rules** |
| 15 | **Michelle Yeoh Becomes First Asian to Win Best Actress Oscar** |
| 23 | **Japan Defeats U.S. to Win World Baseball Classic Title** |
| 27 | **Kyoto to Introduce First 'Empty Home Tax' in Japan** |
| 30 | **Aussie Man Finds Massive Gold Nugget** |
| 31 | **First Cheetah Cubs Born in India Since Extinction 75 Years Ago** |

# 2023年3月

| 1日 | ジョコビッチ、世界1位在位週で最長記録更新 |
|---|---|
| 2日 | 札幌、回収されたゴミの中から1000万円 |
| 3日 | 2022年の出生数が過去最少、初の80万人割れ |
| 6日 | 2035年までに世界の半数が過体重か肥満に |
| 7日 | 世界銀行の男女格差調査、日本は104位 |
| 14日 | 日本、マスク着用ルールを緩和 |
| 15日 | ミシェル・ヨーがアカデミー主演女優賞、アジア人初 |
| 23日 | 日本、米国を破りWBC優勝 |
| 27日 | 京都市、日本初の「空き家税」導入へ |
| 30日 | 豪州男性が巨大金塊を発見 |
| 31日 | 絶滅から75年、初のチーター赤ちゃん誕生 |

# Djokovic Breaks Record for Most Weeks As World No. 1

Novak Djokovic has reached yet another milestone in his lustrous tennis career, breaking Steffi Graf's record for the most weeks as world number one.

Mar1,2023

## CHECK! ▐▐▐▐▶

- [ ] **break (a) record** … 記録を破る、更新する
- [ ] **world No. 1 (= number one)** … 世界（ランキング）1位
- [ ] **reach yet another milestone** … （さらに）新たな節目に達する
- [ ] **lustrous** [lʌ́strəs] … 輝かしい

---

### ☰ 訳出のポイント

● lustrous は【luster（光沢、輝き）+ -ous（…に富む）】という成り立ちの語。つまり、「輝きに富む」→「輝いている」「輝かしい」「素晴らしい」という形容詞となっています。

● テニス世界王者のノバク・ジョコビッチ。2月27日に更新されたランキングで No.1 の座をキープしたことから、通算在位記録は 378 週になりました。これまで男女合わせて歴代最長だったシュテフィ・グラフによる 377 週を抜いて、歴代単独トップに立った形です。

# 「ジョコビッチ、世界1位在位週で最長記録更新」

ノバク・ジョコビッチが、シュテフィ・グラフが持つ世界ランキング1位在位週の最長記録を破り、自身の輝かしいテニス人生における新たな節目に到達した。

2023年3月1日

TODAY'S POINT
今日の
ポイント

### milestone、
### 日本の「一里塚」に当たるもの

milestone はもともと1マイルという距離を示す「マイル標石」。日本の「一里塚」に当たるものですね。
ここから、人生、歴史、計画などにおける「一里塚」→「画期的事件（出来事）」「重要なポイント」「節目」を意味する名詞としてもよく使われます。

# 10 Million Yen Found in Garbage Collected in Sapporo, Japan

Police are trying to determine the owner of 10 million yen in cash found among garbage at a recycling center in Sapporo, northern Japan. Twelve people have come forward to claim ownership within a week after the discovery was revealed.

Mar 2, 2023

## CHECK! ▐▐▐▐▶

- ☐ **garbage** [gáːrbɪdʒ] … ごみ
- ☐ **collect** [kəlékt] … ～を回収する
- ☐ **determine the owner** … 持ち主を特定する
- ☐ **_ yen in cash** … 現金（で）＿円
- ☐ **recycling center** … 資源ごみ施設
- ☐ **come forward** … 名乗り出る
- ☐ **claim ownership** … 所有権を主張する
- ☐ **discovery** [dɪskʌ́vəri] … 発見
- ☐ **reveal** [rɪvíːl] … ～を発表する

### ☰　　　　　　訳出のポイント

● collect の原意は「散らばっている人、動物、物をより分けて集める」。ここから、切手、骨董品などを「収集する」あるいは、「～を回収する」「～を一ヶ所に集める」という動詞となっています。

# 「札幌、回収されたゴミの中から1000万円」

日本北部にある札幌市の資源ごみ施設で、ごみの中から現金1000万円が見つかり、警察が持ち主の特定を進めている。現金発見の発表から1週間で、12人が名乗り出たという。

2023年3月2日

**今日の
ポイント**

TODAY'S POINT

### come forward
### 「志願する」「名乗り出る」

come forward は直訳すると「前に出る」。「(進んで) 申し出る」「志願する」「名乗り出る」という意味でよく使われる成句です。したがって come forward to claim ownership の部分は、「所有権を主張するために申し出る」→「持ち主であると名乗り出る」ということですね。

# Japan's Births Hit New Record Low in 2022, Below 800,000 for 1st Time

The number of births in Japan fell to a new record low in 2022, the first ever dip below 800,000 since the government began to keep statistics in 1899.                 Mar3,2023

## CHECK! ▮▮▮▶

- ☐ **(number of) births** … 出生（数）
- ☐ **hit a new record low** … 過去最低（少）記録を更新する
- ☐ **fall to** … 〜へと下がる
- ☐ **dip** [díp] …【名詞】下落、低下
- ☐ **below** [bɪlòu] … 〜より低く
- ☐ **keep statistics** … 統計をとる

### ≡ 訳出のポイント

- hit a record low は「過去最低（最小、最少）を記録する」という言い方。今日のタイトルでは hit (a) new record low なので「新たに（また）過去最低（最小、最少）を記録する」→「過去最低（最小、最少）記録を更新する」ということですね。また、本文では hit ではなく fall to 〜「〜へ下落する」「〜へと下がる」という句動詞が用いられていますが、同様に fell to a new record low で「新たな過去最少へ下落した」→「過去最少記録を更新した」となっています。

- 日本の出生数は7年連続で過去最少を更新。2016年に初めて100万人割れとなり、それからわずか6年でさらに2割程度減少したことになります。

# 「2022年の出生数が過去最少、初の80万人割れ」

2022年の日本国内の出生数が過去最少記録を更新し、政府が統計をとり始めた1899年以来初めて80万人を下回った。

2023年3月3日

### 数値などが「下がる」「下落する」という動詞 dip

英字新聞では、dipは物、値段、数値などが「下がる」「下落する」という動詞としてしばしば登場する単語。今日の場合は、名詞で「下がること」「下降」「下落」の意味になっています。

つまり、本文後半のthe first ever dip…以下は、「政府が統計をとり始めた1899年以来初の80万（人）より下への下落」ということです。

# Half of World on Track to Be Overweight Or Obese by 2035

More than half the world's population will be overweight or obese by 2035 if effective action is not taken, according to the latest report from the World Obesity Federation.

Mar6,2023

## CHECK! ▐▐▐▐▶

- ☐ **(be) on track to** … ～しようとしている
- ☐ **overweight** [òuvərwéit] … 過体重の
- ☐ **obese** [oubí:s] … 肥満の
- ☐ **population** [pà:pjəléiʃən] … 人口
- ☐ **take effective action** … 有効な対策をとる
- ☐ **World Obesity Federation** … 世界肥満連合

≡　　　　　　　訳出のポイント

- overweight は【over-（限度を超えた）+ weight（重量、重さ）】という成り立ちの語。ここから、人が標準よりも「太っている」「体重過多の」という形容詞になっています。

- 一方、obese の語源は「がつがつ食べた」という意味のラテン語 obesus。ここから、医学用語として「肥満の」の意になっていますが、日常的には「太り過ぎの」という意味合いで使われています。

- take action は「行動をとる」「措置を講じる」「対策をとる」という句動詞。action の前に形容詞を加えることで、いろいろ応用できる便利な表現のひとつなので、しっかり確認しておきましょう。

# 「2035年までに世界の半数が過体重か肥満に」

世界肥満連合の最新報告によると、有効な対策が取られない限り、2035年までに世界の人口の半分以上が過体重あるいは肥満になるという。

2023年3月6日

TODAY'S POINT
**今日の
ポイント**

### (be) on track to V
### 「〜しようとしている」

track はもともと人、車、そりなどが通った「跡」「足跡」「わだち」を意味する名詞。「軌道」「路線」あるいは、スポーツで競技場の「トラック」「走路」を指す語にもなっていますね。

そして、タイトルでは (be) on track to V「〜する軌道にある」→「〜する方向に向かっている」「〜しようとしている」という形で登場しています。

# Japan Ranked 104th in World Bank's Gender Disparity Survey

Japan has ranked 104th out of 190 economies, the bottom among the 38 OECD members, in the latest World Bank's report on women's economic opportunities.                Mar7,2023

## CHECK! ||||▶

- ☐ **rank _th** … __位である
- ☐ **World Bank** … 世界銀行
- ☐ **gender disparity** … 男女格差（に関する）調査
- ☐ **bottom** [bá:təm] … 最下位
- ☐ **OECD** … 経済協力開発機構
- ☐ **economic opportunities** … 経済的機会

---

### ☰    訳出のポイント

- disparity の語源は「不均衡」を意味するラテン語 disparitas。ここから、「不同」「不等」「相違」「不釣り合い」という意味の名詞になっています。そして、gender は社会的、文化的役割としての「性」「ジェンダー」なので、gender disparity で「性（男女間）の不均衡」→「男女格差」というわけですね。

- 今回発表されたのは、2022 年 10 月時点での 190 の国・地域の労働や結婚、財産など 8 分野における法制度を調査、分析したもの。男性が得られる機会を 100 とした場合に、それに対して女性はどの程度の法的保護を得られるかを指数化しています。日本の総合得点順位は、20 年が 74 位、21 年は 80 位、昨年が 103 位と年々後退しています。

# 「世界銀行の男女格差調査、日本は104位」

世界銀行が発表した女性の経済的機会に関する最新の報告書では、日本は 190 の経済圏の中で 104 位で、OECD（経済協力開発機構）に加盟する 38 ヶ国の中では最下位だった。

2023 年 3 月 7 日

TODAY'S POINT
今日の
ポイント

### 「最下位」「末席」「びり」 bottom

bottom はもともと物などの「底」「最低部」を意味する名詞。ここから「最下位」「末席」「びり」に当たる単語としてもしばしば用いられます。したがって the bottom among the 38 OECD members で「OECD に加盟する 38 ヶ国の中の最下位」となっています。

# Japan Eases Mask Rules

The Japanese government relaxed its Covid-19 guidelines on Monday, leaving it up to individuals to decide whether to put on face masks or not.

Mar14,2023

## CHECK! ▐▐▐▐▶

☐ **ease rules** … ルールを緩和する

☐ **relax Covid-19 guidelines** … 新型コロナウイルス（対策）の指針を緩和する

☐ **leave it up to（人）to V** … ～にするのを（人）に任せる、委ねる

☐ **individual** [ìndəvídʒuəl] **(s)** … 個人

☐ **decide whether to V or not** … ～するかどうかを決める

☐ **put on** … ～をつける、着用する

☐ **face mask(s)** … （顔を覆う）マスク

---

| ☰ | 訳出のポイント |
| --- | --- |

● up to ～は「～次第で」という言い方です。日常会話では、しばしば It's up to you.「それはあなた次第です」→「決めるのはあなたです」「判断はあなたにお任せします」などの表現で使われます。

● 政府は、ルール緩和と同時に、通勤ラッシュなど混雑時の公共交通機関内などでは着用を推奨するとしています。一方、一部統計によると、ルールは緩和されても日本人の4人に1人は着用を続ける見込みだということです。

# 「日本、マスク着用ルールを緩和」

日本政府は月曜日、新型コロナウイルス感染対策の指針を緩和し、マスクを着用するかどうかの判断は個人に委ねられることとなった。

2023 年 3 月 14 日

**動詞 ease**
**「〜を楽にする」「〜をゆるめる」**

ease はもともと「気楽さ」「安心」「安らぎ」「ゆったりしていること」、あるいは「容易さ」などを意味する名詞。ここから「〜を和らげる」「〜を楽にする」「〜をゆるめる」「〜を緩和する」という動詞にもなっています。

今日のタイトルでは ease mask rules で「マスク（着用）ルールをゆるめる」→「マスク着用ルールを緩和する」ということですね。

# Michelle Yeoh Becomes First Asian to Win Best Actress Oscar

Michelle Yeoh won an Oscar for best actress in a leading role at the 95th Academy Awards on Sunday, becoming the first Asian actress to do so.

Mar 15, 2023

## CHECK! ▐▐▐▐▶

- [ ] **best actress Oscar** … アカデミー（賞）主演女優賞
- [ ] **Asian** [éɪʒən] …【名詞】アジア人
- [ ] **win an Oscar** … アカデミー賞を受賞する
- [ ] **leading role** … 主役、主演

### ☰ 訳出のポイント

● 本文末尾の becoming the first Asian actress to do so の部分は、直訳すると「そのようにする初めてのアジア人女優になった」。そして、do so は前半の won an Oscar for best actress in a leading role「アカデミー主演女優賞を受賞した」の繰り返しを避けて言い換えた形なので、「アカデミー主演女優賞を受賞する初めてのアジア人女優となった」→「アジア人としては初めてアカデミー主演女優賞を受賞した」となるわけです。

● マレーシア出身のミシェル・ヨーさん主演のSFアクションコメディー "Everything Everywhere All at Once" は作品賞、監督賞など計7部門を受賞。ミシェル・ヨーさんもアジア出身の女優として初めて主演女優賞に輝くという、快挙になりました。

# 「ミシェル・ヨーがアカデミー主演女優賞、アジア人初」

日曜日の第 95 回アカデミー賞で、ミシェル・ヨーがアジア人としては初の主演女優賞に輝いた。

2023 年 3 月 15 日

**TODAY'S POINT**

**今日の
ポイント**

### 「主役」「助演」、英語で言うと……?

leading は「主導する」→「一流の」「主要な」「優れた」といった意味の形容詞。演劇においては「主役の」という意味に使われます。そこで、leading role で「主役」「主演（の役柄）」ということですね。
ちなみに、「助演」は supporting role になります。

# Japan Defeats U.S. to Win World Baseball Classic Title

Japan won the World Baseball Classic over the defending champion United States 3-2 as Shohei Ohtani struck out his Los Angeles Angels teammate Mike Trout at the very end.

Mar23,2023

## CHECK! ▮▮▮▮▶

☐ **defeat** [difíːt] … ～を負かす、破る
☐ **defending champion** … 前回優勝チーム
☐ **strike out** … ～を三振に打ちとる
☐ **at the very end** … 最後の最後に

≡　　　　　　　　**訳出のポイント**

● strike out は野球用語の名詞 strike「ストライク」から派生した成句で、「三振にする」「三振をとる」の意。strike out ～で「～から三振を奪う」「～を三振に打ちとる」という言い方になっています。

●本文末尾の at the very end の very は強意（強調）です。つまり、「まさに最後に」→「最後の最後に」ということですね。ここでは、日本 1 点リードで迎えた 9 回表のツーアウトで迎えた場面を表現しています。

●侍ジャパンが、3 大会ぶりの世界一を目指し MLB スター軍団の米国と対戦しました。結果は、日本が 3-2 で米国を破り 3 度目の優勝！ 1 点リードで迎えた 9 回表に、大谷翔平投手が登板し、最後はチームメイトのトラウトを見事空振り三振に仕留めました。

# 「日本、米国を破り WBC 優勝」

火曜夜、日本が前回王者の米国チームを 3-2 で破り、ワールド・ベースボール・クラシック優勝を勝ち取った。最後の最後は、大谷翔平がロサンゼルス・エンゼルスのチームメイトであるマイク・トラウトを三振に打ちとる形だった。

2023 年 3 月 23 日

TODAY'S POINT

**今日の
ポイント**

### 「（タイトルを）防衛する優勝者」
### つまり、「前回優勝者」

defending は「守る」「防衛する」という動詞 defend の現在分詞。そこで、defending champion は「（タイトルを）防衛する優勝者」。つまり、「前回優勝者」ということです。文脈によっては、「前回優勝チーム」「前回優勝国」などのように訳し分けるといいですね。

# Kyoto to Introduce First 'Empty Home Tax' in Japan

Japan's Internal Affairs and Communications Ministry approved Kyoto City to introduce a tax on unoccupied homes and vacation houses on Friday.

Mar27,2023

## CHECK! ▐▐▐▐▶

- ☐ **introduce** [ìntrəd(j)úːs] … ～を導入する
- ☐ **empty (=unoccupied) home** … 空き家
- ☐ **tax** [tǽks] … 税金、税
- ☐ **Internal Affairs and Communications Ministry** … 【日本】総務省
- ☐ **approve** [əprúːv] … ～に同意する
- ☐ **vacation house** … 別荘

---

**≡**　　　　　　**訳出のポイント**

- empty はもともと容器、乗り物などが「からの」「中身のない」という形容詞。ここから、家などが「空いている」「人の住んでいない」あるいは、道や街が「人通りのない」といった意味でもよく使われます。

- occupy は「占有する」「使用する」「住む」という動詞です。その過去分詞が形容詞化した occupied は「使用されている」「人がいる」の意で、その前に否定の接頭辞 un- が加わった unoccupied は「使われていない」「人がいない」「空いている」という意味になっています。

---

## 対訳

# 「京都市、日本初の『空き家税』導入へ」

日本の総務省は金曜日、京都市が空き家や利用されていない別荘を対象とした税金を導入することに同意した。

2023 年 3 月 27 日

TODAY'S POINT
**今日の
ポイント**

### introduce は目的語で訳し分けを

introduce は【intro-（中に）＋ -duce（導く）】という成り立ちの単語。ここから、「～を中に導く」→「～を紹介する」という意味の動詞として、広く使われていますね。
目的語が（人）の場合は「～を紹介する」、（物、事）の場合は「～を導入する」「～を（初めて）披露する」という具合に、訳し分けるようにしましょう。

# Aussie Man Finds Massive Gold Nugget

An Australian man has hit the jackpot, finding a 4.6kg rock containing gold worth A$240,000 after venturing alone into Victoria's goldfields, equipped with merely a budget metal detector.

Mar30,2023

## CHECK! ▐▐▐▐▶

- [ ] **Aussie** [ɔ́:si] **(=Australian)** … オーストラリア（人）の
- [ ] **massive gold nugget** … 巨大な金塊
- [ ] **hit the jackpot** … 一獲千金を実現する
- [ ] **containing** [kəntéiniŋ] … ～を含む
- [ ] **worth $_** … __ドルに相当する
- [ ] **venture into** … ～に足を踏み入れる
- [ ] **Victoria's goldfields** … 【豪州】ビクトリア州の金鉱地
- [ ] **equipped with** … ～を備えて、装備して
- [ ] **merely** [míərli] … 単に
- [ ] **budget metal detector** … 安物の金属探知機

### ☰ 訳出のポイント

● budget の語源は「財布」を意味する古仏語 bougette。ここから、もともとは「経費」「生活費」あるいは、国などの「予算」を意味する名詞です。しばしば、形容詞的に「予算の」→「予算に合った」→「安い」という意味合いで、cheap の婉曲語として用いられるので注意しておきましょう。

# 「豪州男性が巨大金塊を発見」

オーストラリア人男性が、思わぬ大金を手にした。安物の金属探知機一つを持ってビクトリア州の金鉱地に一人で足を踏み入れ、24万豪ドル（約2100万円）相当の金を含む、重さ4.6キロの石を発見したという。

2023年3月30日

**今日の
ポイント**

TODAY'S POINT

### トランプ用語 jackpot、その意味

jackpot は【jack（トランプのジャックの札）＋ pot（賭け）】という成り立ちの語で、もともとはトランプ用語でポーカーの「積立賭け金」を意味します。ここから、クイズなどの「賞金」→「多額（最高）賞金」→予期せぬ「大当たり」「大成功」という意味でも使われる名詞となりました。

hit the jackpot で「多額の賞金を得る」、思いがけない「大成功を収める」「幸運をつかむ」「大金を手にする」「一山当てる」という表現です。

# First Cheetah Cubs Born in India Since Extinction 75 Years Ago

India has welcomed the birth of four cheetah cubs seventy-five years after the animals were officially declared extinct in the country.

Mar31,2023

## CHECK! ▓▓▓▶

- [ ] **cheetah** [tʃíːtə] … チーター
- [ ] **cub** [kʌ́b] … （どうぶつの）子
- [ ] **extinction** [ɪkstíŋkʃən] … 絶滅
- [ ] **welcome** [wélkəm] … ～を歓迎する
- [ ] **birth** [bə́ːrθ] … 誕生
- [ ] **be officially declared extinct** … 正式に絶滅を宣言される

---

≡　　　　　　　　　　訳出のポイント

- officially は「公式に」「正式に」という副詞。そして、declare は「宣言する」なので、be officially declared ～ で「～だと正式に宣言される」という意味になります。
- チーターはかつてはインド中部に数多く生息していましたが、生息地の縮小と密猟のため、インドでは 75 年前に絶滅。世界でも 7000 頭以下と危機的な状況です。

# 「絶滅から75年、初のチーター赤ちゃん誕生」

インドが、4頭のチーターの赤ちゃん誕生を歓迎した。同国では75年前にチーターの絶滅が正式に宣言されている。

2023年3月31日

### 「(火が) 消えた」「絶滅した」extinct

extinct はもともと火、灯などが「消えた」という形容詞。ここから、種族、家系などが「絶えた」「絶滅した」という意味でもよく使われます。
extinction はこの extinct から派生した名詞で「消火」「消えること」あるいは、種族、家系などの「根絶」「絶滅」の意になっています。

# April,2023

# 2023年4月

| | |
|---|---|
| 3日 | 世界的に有名な音楽家・坂本龍一さんが死去、71歳 |
| 5日 | 日本のクマ肉自販機、意外な人気 |
| 6日 | フィンランド、NATOに正式加盟 |
| 10日 | 経済学者の植田和男氏、日銀総裁に正式任命 |
| 12日 | 2023年マスターズ、ジョン・ラームが優勝 |
| 14日 | 『ハリー・ポッター』がTVドラマに |
| 17日 | 日本の岸田文雄首相が避難、「爆発物」投げ込まれる |
| 19日 | AI作品が国際写真賞を受賞 |
| 21日 | インドで初の"アップルストア"がオープン |
| 26日 | 芦屋市、日本で史上最年少26歳の市長誕生 |
| 27日 | 日本の民間月着陸船、着陸最終段階で通信不通に |

# World-renowned Japanese Musician Ryuichi Sakamoto Dies at 71

Ryuichi Sakamoto, a world-renowned Japanese musician, who was admired for his pioneering electronic music in the Yellow Magic Orchestra in the 1980s and later composed music for Hollywood hits including "The Last Emperor", died on March 28 after a multi-year battle with cancer. He was 71.

Apr3,2023

## CHECK! ▏▏▏▏▶

- [ ] **world-renowned** … 世界的に有名な
- [ ] **be admired for** … 〜で賞賛を受ける
- [ ] **pioneering** [pàɪəníərɪŋ] … 先駆的な
- [ ] **compose music for** … 〜のために作曲する
- [ ] **Hollywood hit(s)** … ハリウッドのヒット作
- [ ] **multi-year battle with cancer** … 多年にわたるがん闘病

---

≡　　　　　　　　訳出のポイント

- renowned は「名高い」「名声のある」という形容詞。world-renowned で「世界で名高い」「世界的に有名な」という意味になっています。
- pioneering は「〜の開拓者（先駆者）となる」「先駆けとなる」という動詞 pioneer の現在分詞から派生した形容詞で「先駆的な」「先駆けとなる」。

# 「世界的に有名な音楽家・坂本龍一さんが死去、71歳」

世界的に有名な日本人作曲家の坂本龍一さんが、多年にわたるがん闘病の末、3月28日に死去した。71歳だった。坂本さんは、1980年代にイエロー・マジック・オーケストラにおける先駆的なエレクトロニック・ミュージックで高い評価を受け、その後『ラストエンペラー』を含むハリウッド映画のヒット作の音楽も作曲した。

2023年4月3日

TODAY'S POINT
今日の
ポイント

### 受動態 be admired for ～
### 「～で賞賛を受ける」

admire は「～を称賛する」「～に敬服する」という動詞です。今日の場合は be admired for ～ と受動態の形で「～のために称賛される」→「～で賞賛を受ける」「～に対して高い評価を受ける」という言い方になっています。

# Japan's Bear Meat Vending Machine Proves an Unlikely Success

Japanese vending machines, which offer just about any food from whale meat to edible insects, have a new dish on the menu: wild black bear meat, and that has proven a surprise hit.

Apr5,2023

## CHECK! ▥▶

- [ ] **bear meat** … クマ肉
- [ ] **vending machine** … 自動販売機
- [ ] **prove an unlikely success** … 意外な成功（人気）を示す
- [ ] **offer just about any food** … ほとんどどんな食品も提供する
- [ ] **whale meat** … クジラ肉
- [ ] **edible insect(s)** … 食用昆虫
- [ ] **dish** [díʃ] … 料理
- [ ] **wild black bear** … 野生のツキノワグマ
- [ ] **surprise hit** … 意外なヒット（商品）

---

**≡          訳出のポイント**

● vend はもともと、街頭などで、花、果物などを「売る」「売り歩く」「行商をする」という動詞。したがって、vending machine は「（ものを）売る機械」→「自動販売機」ということです。

● prove は「～を証明する」「～（であること）を（はっきり）示す」という動詞。prove (to be) ～で「～（であること）を証明する（示す）」という言い方になります。

# 「日本のクマ肉自販機、意外な人気」

日本の自動販売機では、クジラ肉から食用昆虫までほぼあらゆる食品を販売しているが、そのメニューに新メニューが加わった。それは、野生のツキノワグマの肉で、意外なヒット商品となっている。

2023 年 4 月 5 日

TODAY'S POINT
**今日の
ポイント**

### just about anything
### 「ほとんど何でも」を応用する

just about anything は「ほとんど何でも」「ほぼ何でも」という言い方。応用として、just about anywhere「ほとんどどこでも」、just about anytime「だいたいいつでも」などの表現もあります。
ここでは、just about any food で「ほとんどどんな食品でも」「ほぼあらゆる食品」ということですね。

# Finland Officially Joins NATO

Finland officially became the 31st member of
NATO on Tuesday, marking a historical
security policy shift from its military non-
alignment after Russia's invasion of Ukraine.

Apr6,2023

## CHECK! ▐▐▐▶

- [ ] **officially join** … ～に正式に加わる
- [ ] **NATO**
  **(=North Atlantic Treaty Organization)** … 北大西洋条約機構
- [ ] **complete** [kəmplíːt] … ～を終える
- [ ] **security policy** … 安全保障政策、防衛方針
- [ ] **mark a historical shift** … 歴史的な転換を示す
- [ ] **military non-alignment** … 軍事的中立
- [ ] **invasion** [ɪnvéɪʒən] … 侵攻

---

≡　　　　　　　　　訳出のポイント

- NATO は「北大西洋条約機構」。正式名称 North Atlantic Treaty Organization も確認しておきましょう。
- shift はもともと位置や方向、目線などを「移す」「変える」という動詞。ここから、方針、意見などを「変える」「転換する」という動詞、そして「変化」「移動」「変遷」「転換」という名詞としてもしばしば登場しています。

☰ 対訳

# 「フィンランド、NATO に正式加盟」

火曜日、フィンランドが正式に、NATO（北大西洋条約機構）の31番目の加盟国となった。ロシアのウクライナ侵攻を受け、同国の防衛方針は軍事的中立から歴史的な転換を示した形だ。

2023年4月6日

TODAY'S POINT
今日の
ポイント

### 政治運動などで
### 「一列に並ぶこと」＝「連携」「同盟」

alignment は「整列」「一列に並ぶこと」。政治運動などにおいて「一列に並ぶこと」→「連携」「連合」「同盟」という意味でもしばしば使われる単語なので、注意しましょう。non-alignment だと「同盟しないこと」→「非同盟」「中立」という意味になります。そこで、(shift) from its military non-alignment の部分は「軍事的中立からの（転換）」ということですね。

# Economist Kazuo Ueda Formally Appointed as BOJ Governor

The Japanese government on Friday formally appointed economist Kazuo Ueda as the new Bank of Japan governor, succeeding Haruhiko Kuroda after a decade of his easy monetary policy.

Apr10,2023

## CHECK! ▌▌▌▌▶

- [ ] **economist** [ɪkáːnəmɪst] … 経済学者
- [ ] **formally appoint（人）as** … （人）を~に任命する
- [ ] **BOJ (=Bank of Japan) governor** … 日本銀行の総裁
- [ ] **succeed** [səksíːd] … ~の後任になる
- [ ] **decade** [dékeɪd] … 10 年（間）
- [ ] **easy monetary policy** … 金融緩和策

---

### ☰　訳出のポイント

- governor は米国の「州知事」、日本の都道府県の「知事」にあたる名詞としてよく知られています。官庁、学校、病院、銀行などの「長（官）」、すなわち「理事長」「頭取」「総裁」を指す単語としても頻出なので、確認しておきましょう。

- appoint は人を（役職などに）「指名する」「任命する」という動詞。通例 appoint（人）as ~「（人）を~として指名する」「（人）を~に任命する」という形で用いられます。今日のタイトルでは、受動態で (be) formally appointed as BOJ governor なので「日銀総裁として正式に任命される」となっています。

# 「経済学者の植田和男氏、日銀総裁に正式任命」

日本政府は金曜日、経済学者の植田和男氏を日本銀行の新総裁に正式に任命した。植田氏は、10年にわたって金融緩和策をとってきた黒田東彦前総裁の後を引き継ぐことになった。

2023年4月10日

**今日の
ポイント**

### 「〜の後継となる」「成功する」succeed

succeed の語源は「後について行く」というラテン語 succedere。ここから、「〜の後について行く」→「〜の後を継ぐ」「〜の後継となる」および「（努力）の後について行く」→「成功する」という主に2つの意味で使われる動詞となっています。今日の場合は succeeding Haruhiko Kuroda で「黒田東彦前総裁の後を継ぐ」「黒田東彦前総裁の後継者となる」ということですね。

# Jon Rahm Wins 2023 Masters

Jon Rahm won the 2023 Masters on Sunday, clinching his second career major title. The Spaniard also became the first European to secure victories in both the US Open and at Augusta.

Apr12,2023

## CHECK! ▌▌▌▌▶

- ☐ **clinch one's _th career major title** …（通算）メジャー__勝 を飾る
- ☐ **Spaniard** [spǽnjərd] … スペイン人
- ☐ **European** [jùərəpí:ən] … ヨーロッパ人、欧州人
- ☐ **secure victory** … 勝利をつかむ
- ☐ **Augusta (=Augusta National Golf Club)** …（マスターズ が開催される）オーガスタナショナルゴルフクラブ

---

### ☰　訳出のポイント

- career は一生の「経歴」「生涯」「履歴」を意味する名詞。ここ から、プロスポーツなどにおける「経歴」→「キャリア」とい う文脈でよく使われる単語となっていますね。また、形容詞的 に「キャリアにおける」「キャリアを通して」→「通算」という 意味合いでも登場するので、注意しましょう。

- 荒天に見舞われた今年のマスターズ。制したのはスペイン出身 の28歳、ジョン・ラームでした。ラームにとっては、PGAツ アー通算11勝目。今季4勝目にして、2021年の全米オープン 優勝に続く、嬉しいメジャー2勝目となりました。

---

# 「2023 年マスターズ、ジョン・ラームが優勝」

日曜日、ジョン・ラームが 2023 年マスターズで優勝し、メジャー 2 勝目をあげた。スペイン人のラームは、欧州勢としては初めて全米オープンとマスターズの両方を制することとなった。

2023 年 4 月 12 日

## 苦労（努力）して
## 「～を確保する、獲得する」secure

secure はもともと「安全な」「危険のない」「確実な」「確保された」という意味の形容詞。転じて、苦労（努力）して「～を確保する」「～を獲得する」という動詞にもなっています。

そこで、secure victory で「勝利を確保する」「勝利を確実なものにする」→「勝利をつかむ」という言い方になります。

# 'Harry Potter' Will Be Made into TV Series

The "Harry Potter" books by JK Rowling, which have sold more than 600 million copies worldwide, will be made into a new TV drama series, Warner Bros. Discovery announced on Wednesday.

Apr14,2023

## CHECK! ▐▐▐▐▶

- ☐ **TV (drama) series** … テレビ（ドラマ）番組
- ☐ **be made into a TV drama series** … テレビドラマ化される
- ☐ **sell _ copies** … （本が）＿部売れる
- ☐ **worldwide** [wə́:rldwáid] … 世界中で

### ☰ 訳出のポイント

- make A into B は「A を B にする」「A を B に仕立てる」という言い方。そこで、make ～ into (a) TV series は「～を連続テレビ番組にする」「テレビドラマに仕立てる」→「テレビドラマ化する」ということですね。
- 魔法使いの世界を描いた J. K. ローリングの小説『ハリー・ポッター』シリーズ全 7 巻は、世界中で累計 6 億部以上を売り上げ、映画化作品も大ヒットを収めましたね。その映画を手がけた米ワーナー・ブラザースが傘下の配信サービスを通じて、今度はテレビドラマ化することを発表しました。ドラマシリーズでは、1 巻ごとに各シーズンが制作され、ローリングはプロデューサーを務めるということです。

☰ 対訳

# 「『ハリー・ポッター』がTVドラマに」

世界で6億部以上を売り上げたJ. K. ローリングの著作『ハリー・ポッター』が、新たにテレビドラマ化されるという。水曜日にワーナー・ブラザース・ディスカバリーが発表した。

2023年4月14日

TODAY'S POINT
今日の
ポイント

### 「(本などが) ＿部売れる」 を英語で言うには

名詞 copy は原本、書類などの「写し」「複写」「コピー」という意味でよく知られていますね。ここから、同時に印刷した本、雑誌などの「部」「冊」、レコードなどの「枚」という意味でも頻出なので、注意しましょう。
今日の場合は sell ＿ copies で、本などが「＿部売れる」という言い方で登場しています。

# Japan PM Fumio Kishida Evacuated after 'Explosive' Thrown

Japanese Prime Minister Fumio Kishida was evacuated unharmed after what appeared to be a smoke bomb was thrown into a venue where he was going to give an outdoor speech on Saturday.                    Apr17,2023

## CHECK! ▮▮▮▮▶

- ☐ **PM (Prime Minister)** … 【日本】首相
- ☐ **be evacuated (unharmed)** … （無事に）避難させられる → 避難する
- ☐ **explosive** [ɪksplóʊsɪv] … 爆発物
- ☐ **throw** [θróʊ] … 〜を投げる
- ☐ **what appeared to be** … 〜らしきもの
- ☐ **smoke bomb** … 発煙弾
- ☐ **venue** [vénjuː] … 会場
- ☐ **give an outdoor speech** … 野外演説を行う

---

**≡**　　　　　　**訳出のポイント**

- evacuate は「避難する」という自動詞としても使われますが、「〜を（危険な場所から安全な所へ）避難させる」という他動詞としてよく登場します。さらに、受動態の be evacuated from 〜という形で、「〜から避難させられる」→「〜から避難する」という言い方になります。

- この事件については、各国でも速報され、"昨年の安倍元首相の暗殺事件"と絡めて報じるメディアが目立っています。

# 「日本の岸田文雄首相が避難、『爆発物』投げ込まれる」

土曜日、日本の岸田文雄首相が野外演説を行う予定だった会場に発煙弾らしきものが投げ込まれたが、首相は無事に避難した。

2023 年 4 月 17 日

TODAY'S POINT
今日の
ポイント

### 「～らしきもの」という言い方

appear は「～のように見える」「～と思われる」「～らしい」という動詞。what appeared to be ～ で「～のように思われたもの」「～らしきもの」という言い方になります。
そこで、what appeared to be a smoke bomb の部分は「発煙弾らしきもの」となっています。

# AI Creation Wins International Photography Award

The winner of a major international photography award has refused his prize after revealing his piece was an AI-generated image.

Apr19,2023

## CHECK! ▐▐▐▐▶

- [ ] **creation** [kriéɪʃən] … 作品
- [ ] **win (a) photography award** … 写真の賞を受賞する
- [ ] **winner** [wínər] … 受賞者
- [ ] **refuse one's prize** … 賞を辞退する
- [ ] **reveal** [rɪvíːl] … 明らかにする
- [ ] **piece** [píːs] … （芸術の）作品
- [ ] **AI-generated image** … AI が生成した画像

≡　　　　　　　　**訳出のポイント**

- AI は日本語にもそのまま浸透していますが、artificial intelligence の略で「人工知能」のことですね。
- ソニーが支援する国際写真コンテスト Sony World Photography Awards「ソニーワールドフォトグラフィーアワード」に AI で生成された画像が出品され、クリエイティブ部門の総合優勝作として選出されるという事態が生じました。出品者のベルリン在住アーティスト Boris Eldagsen 氏は、「写真業界における AI 生成画像についての議論を促し、それに特化した新しい"分野"を作る過程を加速させるために出品した」と語り、受賞は辞退しました。

≡ 対訳

# 「AI 作品が国際写真賞を受賞」

主要な国際写真賞の受賞者が、受賞作は AI が生成した画像であることを明らかにし、受賞を辞退した。

2023 年 4 月 19 日

TODAY'S POINT
今日の
ポイント

### 動詞 create から派生した名詞 creation

creation は「創造する」「つくりだす」「創作する」「作成する」といった意味でおなじみの動詞 create から派生した名詞。「創造」「創作」「作成」、あるいは「創造物」「創作品」「作品」という意味になっています。

そこで、タイトルの AI creation は「AI の創造物」「AI による作品」ということですね。本文末尾では AI-generated image「AI が生成した画像」と言い換えられています。

# First "Apple Store" in India Opens

Apple opened its first direct retail store in India on Tuesday, highlighting the tech giant's intent to expand into the world's second largest smartphone market.

Apr21,2023

## CHECK! ▮▮▮▮▶

- ☐ **direct retail store** … 直営店
- ☐ **highlight** [háilàit] …【動詞】〜を強調する
- ☐ **tech giant** … テクノロジー大手
- ☐ **intent** [intént] … 意図、意向
- ☐ **expand into** … 〜に拡大進出する

### ☰　　　訳出のポイント

- retail store は「小売店」。direct retail store で「直接の小売店」→「直営店」ということですね。
- intent は「意図」「意向」。類似の単語である intention に比べて、より計画的で強い意図を表し、また、より硬い表現になっています。
- インドでは、地元小売業者との提携によるアップル専門店やオンライン販売はありましたが、小売分野の規制の障壁から、直営実店舗はこれまで実現していませんでした。インドは中国に次ぐ世界第2位の携帯電話市場で、スマートフォン所有者は約7億人。しかし、iPhone 所有者はその4%にとどまっています。今回の直営店オープンに際しては、アップルのティム・クックCEO が自らインドを訪れ、モディ首相や電子情報技術担当相とも会談しています。

# 「インドで初の " アップルストア " がオープン」

テクノロジー大手のアップルは火曜日、初のインド直営店をオープンし、世界第2位のスマートフォン市場であるインドでの拡大進出を狙う同社の意向が強く示された。

2023年4月21日

TODAY'S POINT
今日の
ポイント

## 動詞としてもしばしば登場する
## highlight

highlightはもともと、写真や絵画における「最も明るい部分」「ハイライト」を指す名詞。ここから、事件、催し物などで「最も目立つ部分」→「ハイライト」「呼び物」「目玉（商品）」といった意味にも使われます。

また、「～に明るい光を当てる」→「～を目立たせる」「～を強調する」といった動詞としてもしばしば登場するので注意しましょう。

# Ashiya Elects 26-year-old Mayor, Youngest-ever in Japan

Ashiya in Hyogo Prefecture, western Japan, elected a 26-year-old to lead the city, making him the youngest-ever mayor in the country.

Apr26,2023

## CHECK! ▐▐▐▐▶

- [ ] **elect** [ɪlékt] … 〜を選出する
- [ ] **mayor** [méɪər] … 市長
- [ ] **youngest-ever** … 史上最年少の
- [ ] **lead the city** … 市を指導する

### ≡ 訳出のポイント

- elect は「〜を（投票で）選ぶ」「〜を選出する」という動詞。そこで、今日のタイトルは「芦屋（市）が26歳の市長、日本で史上最年少の市長を選出する」→「芦屋市で史上最年少26歳の市長が誕生する」となっています。

- 兵庫県芦屋市の市長選挙で、26歳の高島峻輔さんが初当選を果たし、全国で歴代最年少市長が誕生。大阪府箕輪市出身の高島さんは、灘中高から東大、米ハーバード大と進み、NPO理事長などを務めつつ、政治を志したと言います。選挙戦ではSNSの活用が目立ち、演説の予定やイベントの動画をTwitterで投稿したり、TikTokでは、再生回数が100万回を超えている動画もあるそうです。

# 「芦屋市、日本で史上最年少 26 歳の市長誕生」

日本西部にある兵庫県の芦屋市で 26 歳の市長が選出され、国内史上最年少の市長が誕生した。

2023 年 4 月 26 日

TODAY'S POINT

**今日の
ポイント**

### 「史上最年少の」「歴代最年少の」、英語で言うには

ever は「今までに」「これまでに」「かつて」「過去において」という副詞。したがって youngest-ever だと、「今までで一番若い」→「史上最年少の」「歴代最年少の」となります。

# Japanese Private Lunar Lander Lost Contact in Final Minutes of Touchdown

A Japanese company hoping to carry out the first private Moon landing said it lost contact with the lander right after it was due to touch down early Wednesday.　Apr27,2023

## CHECK! ▮▮▮▮▶

☐ **private** [práɪvət] … 民間の
☐ **(lunar) lander** [lǽndər] … ランダー、（月）着陸船
☐ **lose contact with** … 〜と通信が途絶える
☐ **touchdown (touch down)** … 着陸（する）
☐ **carry out** … 実行する、遂行する
☐ **Moon landing** … 月面着陸　☐ **be due to** … 〜する予定である

---

### ☰　　訳出のポイント

● contact はもともと、人、物との「接触」「触れ合い」を意味する名詞。ここから、無線などによる「連絡」→「通信」「交信」という意味合いでも使われます。

● 日本のベンチャー企業 ispace が開発した月着陸船は、昨年12月に米民間企業スペースXのロケットで打ち上げられた後、太陽の重力などを利用して月に向けて飛行。その後の発表および記者会見で ispace は、着陸予定の時刻のあと、残りの燃料が無くなったと推定されるほか、降下する速度が急に上がったことを示すデータがあるとして、着陸船は最終的に hard landing「硬着陸」「落下着陸」、つまり、"月面にたたきつけられるようにして着陸した"可能性が高いとしています。

# 「日本の民間月着陸船、着陸最終段階で通信不通に」

史上初の民間による月面着陸が期待されていた日本企業は、水曜日未明の着陸予定時刻直後に着陸船との通信が途絶えた、と発表した。

2023 年 4 月 27 日

TODAY'S POINT
今日の
ポイント

### 「私営の」「民間の」「私立の」という意味も持つ private

private は「個人の」「個人用の」「私用の」といった意味でよく知られる形容詞ですね。ここから、「公営ではない」→「私営の」「民間の」「私立の」に当たる単語としても頻出です。

例えば、日本語の「私立大学」は private college あるいは private university となるわけです。

# May,2023

# 2023年5月

| | |
|---|---|
| 1日 | 日本、国内初の経口中絶薬を承認 |
| 2日 | 『ザ・スーパーマリオブラザーズ・ムービー』、2023年初の興収10億ドル超ヒット |
| 9日 | 国王チャールズ3世の戴冠式 |
| 12日 | グーグル、検索エンジンに生成AIを搭載 |
| 15日 | 任天堂、『ゼルダの伝説』最新作を発売 |
| 16日 | 日本のエンタメ大手社長が謝罪、性加害の訴えに対して |
| 18日 | WHO、人工甘味料の使用に対して警告 |
| 23日 | 中国が日本を抜いて自動車輸出世界1位に、2023年第1四半期 |
| 24日 | 日経平均、33年ぶりの最高値 |
| 30日 | カンヌ映画祭、日本の役所広司さんが最優秀男優賞 |
| 31日 | 上海、5月では100年間で最高の気温を記録 |

# Japan Approves First Abortion Pill

Japan's health ministry has approved the country's first abortion pill amid increasing calls for reproductive rights and gender equality.

May1,2023

## CHECK! ▮▮▮▮▶

- ☐ **approve** [əprúːv] … ～を承認する
- ☐ **abortion pill** … 経口中絶薬
- ☐ **health ministry** … 保健省 →（日本）厚生労働省
- ☐ **amid increasing calls for** … 要求が高まる中で
- ☐ **reproductive rights** …（女性の）生殖権
- ☐ **gender equality** … 男女同権

---

**☰　　　　　　　訳出のポイント**

- abortion は医学用語で「流産（早産）させること」。つまり、「妊娠中絶」「堕胎」を意味する名詞です。そして、pill の語源は「小さな球」を意味するラテン語 pilula。ここから「丸薬」「錠剤」「カプセル」、つまり粉状ではない「飲み薬」「経口薬」を指す単語として、よく使われます。

- これまで日本では、妊娠初期の中絶法は手術に限られていました。今回の承認で、女性の心身への負担がより少ない経口中絶薬という新たな選択肢が生まれることになります。経口中絶薬は 30 年以上前にフランスが初承認して以後、主な欧米諸国で長年使われており、WHO も安全だとして推奨しているということです。

---

# 「日本、国内初の経口中絶薬を承認」

女性の生殖権と男女同権への要求が高まる中、日本の厚生労働省は国内初の経口中絶薬を承認した。

2023 年 5 月 1 日

**TODAY'S POINT**
**今日のポイント**

## call for ～
### 「叫んで～を求める」→「～を要求する」

call はもともと「呼ぶ」「叫ぶ」「呼びかける」という動詞。call for ～で、「叫んで～を求める」→「～を要求する」という言い方になっています。

また、call はそのまま名詞としても使われるので、increasing calls for ～で「高まっている～に対する要求」となります。

# 'The Super Mario Bros. Movie' Is 2023's First Billion Dollar Hit

"The Super Mario Bros. Movie" became the first movie to pass the billion-dollar mark at the worldwide box office this year and is only the 10th animation ever to do so.

May2,2023

## CHECK! ▌▌▌▌▶

☐ **hit** [hít] … ヒット作、ヒット映画

☐ **pass the _-dollar mark at the box office** … 世界興行収入で__ドルを突破する

☐ **animation** [ænəméɪʃən] … アニメーション

---

| ≡ | 訳出のポイント |
|---|---|

- 名詞 hit は口語で、興行などの「ヒット」「大成功」「ヒット曲」「ヒット映画」の意味でよく使われます。今日の話題は映画なのでタイトルの billion dollar hit は「10億ドル（を売り上げる）ヒット映画」→「興収（興行収入）が10億ドルを超えるヒット映画」の意。

- 日本では4月28日（金）に公開された映画『ザ・スーパーマリオブラザーズ・ムービー』が世界で大ヒットになっています。その他の主要国とともに、米国では4月5日に一足早く公開となっており、目下3週連続興収首位。今年に入ってから初の10億ドル超ヒット映画であり、アニメ映画としては史上10番目の快挙ということです。

# 「『ザ・スーパーマリオブラザーズ・ムービー』、2023年初の興収10億ドル超ヒット」

『ザ・スーパーマリオブラザーズ・ムービー』が、世界興行収入が10億ドル（約1360億円）を突破する今年初めての映画となった。世界興収10億ドル超はアニメ映画としては史上10番目の快挙である。

2023年5月2日

## 「チケット売り場」box office、英字新聞だと？

box office はもともと、映画館、劇場などの「切符売り場」「チケット売り場」を指します。ここから、英字新聞では通例 the box office で、映画や劇の「チケットの売上」「興行成績」「興行収入」を意味する言い方として頻出となっています。

# King Charles III's Coronation

Britain's King Charles III has been crowned in a once-in-a-generation coronation ceremony at Westminster Abbey in London on Saturday.

May9,2023

## CHECK! ▐▐▐▐▶

- ☐ **King Charles III** … 【英】国王チャールズ３世
- ☐ **coronation** [kɔ̀ːrənéɪʃən] **(ceremony)** … 戴冠式
- ☐ **crown** [kráun] … 【動詞】～に王冠を載せる
- ☐ **once-in-a-generation** … 一世代に一度の
- ☐ **Westminster Abbey** … 【英】ウェストミンスター寺院

---

≡　　　　　**訳出のポイント**

- coronation は「戴冠式」。coronation ceremony だと、「戴冠式の儀式」「戴冠式の式典」という意味になりますが、日本語訳としては、こちらも「戴冠式」が一般的になっています。

- 戴冠式は新国王（女王）が王冠を被る伝統的な儀式。英王室では約1000年にわたって、ウェストミンスター寺院で行ってきた歴史があります。この日、国王とカミラ王妃は、戴冠式に先立ち、バッキンガム宮殿を馬車で出発、騎馬隊などに囲まれ寺院までの約２キロを行進しました。式典には、王室メンバーをはじめ、各国君主や首脳、歴代英首相など2000人を超える賓客が参列。日本からは秋篠宮ご夫妻が列席されました。

# 「国王チャールズ 3 世の戴冠式」

土曜日にロンドンのウェストミンスター寺院で、一世代に一度だけの戴冠式が行われ、英国王チャールズ 3 世が王冠を戴いた。

2023 年 5 月 9 日

TODAY'S POINT
**今日の
ポイント**

### 「冠」を意味する名詞 crown、
### 動詞として登場

crown はもともと「冠」を意味する名詞。「王冠」を指して使われることも多いですね。今日の場合は「〜に王冠を載せる」という動詞として登場しています。
「〜に王冠を載せる」→「〜を王（女王）にする」「〜を王位につける」という意味合いでも使われます。ここでは受動態の has been crowned で、「王冠を載せられた」→「王冠を戴いた」「戴冠した」となっています。

# Google Brings Generative AI to Its Search Engine

Google announced on Wednesday that it is bringing artificial intelligence (AI) features to its Google Search, the most popular search engine in the world.

May12,2023

## CHECK! ▮▮▮▮▶

- ☐ **bring ～ to …** … ～に … をもたらす
- ☐ **generative AI** … 生成 AI
- ☐ **search engine** … 検索エンジン
- ☐ **feature** [fíːtʃər] **(s)** … 機能

### ≡ 訳出のポイント

- AI は artificial intelligence の略で「人工知能」。日本語でも AI で浸透していますね。generative AI だと「生成 AI」、つまり、prompt「プロンプト」と呼ばれるいくつかの材料（単語など）の入力を行うと、質問の回答、画像など "新しいデータを生成する AI" ということです。

- これまで通りウェブへのリンク一覧を示す一方で、質問への回答を生成し、答えることが可能になるということです。また、同社の AI による自動応答ソフト (chatbot) の Bard については、180 を超える国・地域での利用が可能となり、その対応言語も近々 40 ヶ国語になるといいます。

# 「グーグル、検索エンジンに生成 AI を搭載」

グーグルは水曜日、世界で最も多く使われている検索エンジンである同社の『グーグル検索』に、人工知能（AI）機能を搭載すると発表した。

2023 年 5 月 12 日

TODAY'S POINT
今日の
ポイント

### 「～に…をもたらす」bring ～ to …

bring は「～を持ってくる」「～を持っていく」あるいは「～を連れていく」といった意味でおなじみの動詞。今日の場合は「～をもたらす」という意味合いで登場しています。bring ～ to …の形で「～に…をもたらす」という言い方になっています。

具体的にいうと……、タイトルでは brings AI to its search engine で「（その）検索エンジンに AI をもたらす」→「検索エンジンに AI を搭載する」というわけです。

# Nintendo Releases the Latest 'Legend of Zelda'

The Legend of Zelda: Tears of The Kingdom, the latest addition to the long-running and beloved series of Nintendo games, hit the shelves worldwide on Friday.

May15,2023

## CHECK! ▌▌▌▌▶

- ☐ **release** [rɪlíːs] … 〜を発売する
- ☐ **latest** [léɪtɪst] … 最新の
- ☐ **'Legend of Zelda'** …【ゲーム】『ゼルダの伝説』
- ☐ **long-running** … 長く続く、長期にわたる
- ☐ **beloved** [bɪlʌ́vɪd] … 人々に愛されている
- ☐ **addition to** … 〜への追加
- ☐ **hit the shelves** … 店頭に並ぶ

---

**☰**　　　　　　　**訳出のポイント**

- 本文末尾に登場している hit the shelves は、直訳すると「(店頭の商品を並べる) 棚に達する」。ここから、「店頭に並ぶ」→「発売される」という表現になっています。
- 久々の人気シリーズ新作で、待ちかねていたゲームファンも多いようです。世界各地でも、前日夜からゲームショップの前に並ぶ人たちの様子などが報道されていました。また、日本では、発売日当日にプレイを楽しみたい人たちが「ゼルダ休み」をとったことを SNS で告げる声が相次いだことも話題に。

---

# 「任天堂、『ゼルダの伝説』最新作を発売」

長年にわたって人々に愛されている任天堂のゲームシリーズの最新作、『ゼルダの伝説：ティアーズ オブ ザ キングダム』が金曜日、世界中で発売された。

2023 年 5 月 15 日

**TODAY'S POINT**
**今日の**
**ポイント**

## 「公開する」「封切りする」release

release はもともと、「〜を解き放す」「〜を自由にする」という動詞。英字新聞では、情報などを「公開する」、映画などを「公開する」「封切りする」、新製品などを「発売する」という意味で頻出です。今日のタイトルでは、ビデオゲームの最新作を「発売する」という意味になっていますね。

# Head of Japanese Entertainment Behemoth Apologizes over Sexual Abuse Claims

The president of Johnny & Associates, one of Japan's most powerful talent agencies, issued a formal apology on Sunday over sexual abuse claims against its late founder, Johnny Kitagawa.　　　　　　　May16,2023

## CHECK! ▐▐▐▐▶

- [ ] **head** [héd] … (集団の) 長 → 社長
- [ ] **entertainment behemoth** … エンターテインメント業界の巨大企業
- [ ] **apologize** [əpáːlədʒàɪz] … 謝罪する
- [ ] **sexual abuse claims** … 性的虐待の訴え → 性加害問題
- [ ] **Johnny & Associates** …【日本】ジャニーズ事務所
- [ ] **talent agency** … 芸能事務所
- [ ] **issue a formal apology** … 正式に謝罪する
- [ ] **late** [léit] … 故人の、故〜　 [ ] **founder** [fáundər] … 創業者

---

### ☰ 　　　　　訳出のポイント

● behemoth はもともと、旧約聖書の中で言及されている巨獣の「ビヒモス」「ベヘモット」。ゾウ、あるいはカバを指すともいわれますが、正確なことはわかっていません。ここから、「巨大で力があり危険なもの」を意味する英単語になっています。英字新聞では、「巨大で影響力を持つ企業」「巨大企業」の意味でしばしば登場するので注意しましょう。

---

# 「日本のエンタメ大手社長が謝罪、性加害の訴えに対して」

日本で最も影響力を持つ芸能事務所のひとつであるジャニーズ事務所の社長が、日曜日、同社創業者で故人のジャニー喜多川氏に対する性加害の訴えをめぐり、正式に謝罪を行った。

2023 年 5 月 16 日

TODAY'S POINT
今日の
ポイント

### sexual abuse の訳し方

sexual abuse は「性的虐待」と訳されるのが通例ですね。ただし、ジャニー喜多川氏の問題をめぐる国内報道では"性加害"という言葉が全面的に使われているので、これを踏まえて今日の対訳では、あえて「性加害」を採用しています。

参考までに…この話題をめぐる英語の報道では sexual abuse「性的虐待」、sexual assault「性的暴行」あるいは sexual exploitation「性的搾取」という、より直接的な表現が使われています。

# WHO Warns Against Using Artificial Sweeteners

The World Health Organization warned that the use of artificial sweeteners does not help in losing weight and can produce undesirable health effects in its new guidelines.

May18,2023

## CHECK! ▐▐▐▐▶

- [ ] **warn** [wɔ́ːrn] … 警告する
- [ ] **artificial sweetener(s)** … 人工甘味料
- [ ] **WHO (World Health Organization)** … 世界保健機関
- [ ] **help in** … ～の役に立つ、助けになる
- [ ] **losing weight** … 減量
- [ ] **produce** [prəd(j)úːs] … ～を引き起こす
- [ ] **undesirable health effect** … 望ましくない健康への影響
- [ ] **guideline** [gáɪdlàɪn] **(s)** … 指針、ガイドライン

---

### ☰　訳出のポイント

- 助動詞 can は「～できる」という【能力】を表す用法が最も一般的ですね。ここでは、「(時には) ～しかねない」「～することもある」「～するかもしれない」→「～する可能性がある」という【可能性】を示す用法で使われているので注意しましょう。

# 「WHO、人工甘味料の使用に対して警告」

世界保健機関は新しいガイドラインの中で、人工甘味料の使用は減量の助けにはならず、健康に望ましくない影響をおよぼす可能性がある、と警告した。

2023年5月18日

**TODAY'S POINT**
**今日のポイント**

### warn that …
### 「…だと警告する、…と注意する」

warn は「警告する」「注意する」「戒める」という動詞。warn against ～で「～に対して警告する」「～に対して注意する」になります。また、【that 節】をとって warn that …の形だと、「…だと警告する」「…と注意する」という表現になるわけです。

# China Overtakes Japan as World's Top Car Exporter in Q1 2023

China has overtaken Japan as the world's biggest exporter of automobiles in the first quarter of 2023, thanks to its strong demand for electric vehicles and stable trade ties with Russia.　　　　　　　　May23,2023

## CHECK! ▮▮▮▶

- ☐ **overtake** [òuvərtéik] … ～を追い抜く
- ☐ **car exporter (=exporter of automobiles)** … 自動車輸出国
- ☐ **Q1 (=first quarter)** … 第 1 四半期
- ☐ **thanks to** … ～のおかげで
- ☐ **strong demand for** … ～に対する強い需要
- ☐ **electric vehicles** … 電気自動車
- ☐ **stable trade ties with** … ～との安定した貿易関係

| ☰ | 訳出のポイント |
|---|---|

- thanks to ～は「～のおかげで」「～の結果」。ポジティブな事象の原因を示すときに使われる表現です。そこで、本文後半の thanks to …以下は、前半部分（＝ポジティブな事象）の原因を説明する文節ということです。

- 中国の自動車輸出の 40％は電気自動車で、世界規模での EV 需要の高まりが大きな追い風となっています。また、中国車が最も多く輸出された国はロシアで、米国、メキシコ、英国が続きます。

≡ 対訳

# 「中国が日本を抜いて自動車輸出世界1位に、2023年第1四半期」

中国が2023年の第1四半期（1月-3月期）に日本を抜いて、世界最大の自動車輸出国となった。電気自動車への強い需要とロシアとの安定した貿易関係が追い風となった形である。

2023年5月23日

### take over「優位になる」、この表現を逆転させると…

take over は、前のものに代わって「優位になる」という意味の成句。この表現が逆転した動詞が overtake で、相手などに「追いつく」「追い越す」「追い抜く」の意味になっています。
今日の場合は overtake A as B「B としての A を追い抜く」→「A を抜いて B になる」という形で登場しています。

# Nikkei Closes at Fresh 33-year High

Tokyo stocks continued to rise on Monday with the Nikkei Average hitting a 33-year high of 31,086, the first close over 31,000 since July 1990.

May24,2023

## CHECK! ‖‖▶

- ☐ **Nikkei (Average)** … 日経平均株価
- ☐ **close at** … 終値〜で取引を終える
- ☐ **(hit a) fresh high** … 最高値（を更新する）
- ☐ **Tokyo stocks** … 東京株式市場
- ☐ **continue to rise** … 続伸する
- ☐ **close** [klóuz] …【名詞】終値

### ☰ 訳出のポイント

- ●「閉じる」「しまる」といった意味でおなじみの動詞 close は、株式市場が「閉じる」→「（その日の）取引を終える」「大引けになる」という意味で使われます。ここから、close at 〜は「終値〜で取引を終える」「終値で〜をつける」という表現になっています。
- ●日経平均の史上最高値は、バブル絶頂期だった 1989 年（平成元年）12 月 29 日。その年の最後の取引日である「大納会」の日で、終値で 3 万 8915 円となっています。

≡ 対訳

# 「日経平均、33年ぶりの最高値」

月曜日の東京株式市場は続伸し、日経平均株価は33年ぶりの最高値となる3万1086円をつけた。終値が3万1000円を超えたのは1990年7月以来初である。

2023年5月24日

今日の
ポイント

### 株式用語の英語表現をチェック

high はもともと「高い」という形容詞ですが、「最高水準」「最高価格」「最高値」「最高記録」などを指す名詞としてもしばしば用いられます。そして、fresh は「新しい」「新鮮な」という形容詞なので、fresh high だと「新たな最高値」の意味になっています。

また、close は活動、時間、期間の「終わり」「最後」「終末」といった意味の名詞としても使われます。そして、株式、証券用語では株式市場における「終値」(=closing price) の意味になるので、注意しましょう。

# Japan's Koji Yakusho Wins Best Actor at Cannes

Japanese actor Koji Yakusho won the best actor award for his leading role in "Perfect Days" directed by Germany's Wim Wenders at this year's Cannes International Film Festival.

May30,2023

## CHECK! ▮▮▮▮▶

- [ ] **win (the) best actor (award)** … 最優秀男優賞を受賞する
- [ ] **Cannes [kǽn] (International Film Festival)** … カンヌ国際映画祭
- [ ] **leading role** … 主役
- [ ] **directed by** … 〜が監督した

### ☰ 訳出のポイント

- ●「導く」「主導する」「指導する」といった意味でおなじみの動詞 lead。その現在分詞が形容詞化した leading は、「先頭に立つ」「先導する」→「一流の」「卓越した」「主要な」の意になっています。
- ●世界三大映画祭のひとつである、フランスのカンヌ国際映画祭。日本人俳優が同賞を受賞するのは、2004 年に是枝裕和監督の作品『誰も知らない』で主演した柳楽優弥さん以来 19 年ぶり、史上 2 人目です。

# 「カンヌ映画祭、日本の役所広司さんが最優秀男優賞」

今年のカンヌ国際映画祭で、日本人俳優の役所広司さんが、主役を演じたドイツのヴィム・ヴェンダース監督の作品『PERFECT DAYS』で、最優秀男優賞を受賞した。

2023年5月30日

**略して「Cannes」**

タイトルの Cannes は、Cannes International Film Festival を略したもの。日本語でも、文脈で明らかな場合は「カンヌ国際映画祭」→「カンヌ」と言うのと同じですね。

# Shanghai Records Its Highest May Temperature in 100 Years

The Chinese city of Shanghai recorded its highest May temperature in more than 100 years on Monday, reaching 36.1 degrees Celsius.

May31,2023

## CHECK! ▎▎▎▎▶

- ☐ **record** [rikɔ́:rd] …【動詞】～を記録する
- ☐ **highest May temperature** … 5月の最高気温
- ☐ **_ degrees Celsius** … 摂氏（セ氏）_度

### ☰ 訳出のポイント

- Celsius は、温度の単位である degree Celsius「セルシウス度」を考案したスウェーデンの天文学者 Andres Celsius「アンデルス・セルシウス」の名前が語源です。具体的な温度を「__度」と表すには、_degrees Celsius あるいは _℃となります。

- ちなみに…米国などでは別の温度単位である「華氏度」「カ氏度」の方が一般的なので、あわせて確認しておきましょう。こちらは、ドイツの物理学者の Gabriel Daniel Fahrenheit「ガブリエル・ダニエル・ファーレンハイト」からとった _ degrees Fahrenheit「華氏__度」「カ氏__度」で示します。"華氏"の"華"はファーレンハイトの中国語表記『華倫海特』が由来ということです。

# 「上海、5月では100年間で最高の気温を記録」

中国の都市・上海では月曜日、気温が36.1度に達し、5月では過去100年以上で最も高い気温を記録した。

2023年5月31日

今日の
ポイント

## 動詞と名詞で発音が違う record

record はもともと「記録」「登録」を意味する名詞。ここから、「記録する」「登録する」という動詞としても頻出ですね。ここでは、両者の発音の違いを知っておきましょう。
名詞の場合は：アクセントが前にきて [rékərd]、
動詞だと：アクセントは後ろで [rikɔ́ːrd]、となっています。

## あの記事をさらに深掘り!

### ●札幌、回収されたゴミの中から1000万円 (84ページ)

1月30日に札幌市内の資源ごみ回収施設で、ごみの分別をしていた委託業者が、雑紙類の中から現金1000万円を発見し、警察に届け出ました。高額拾得物として持ち主を探していますが、名乗り出なかったため2月21日に公表。その後1週間以内に、「北海道旅行中に1000万円を落とした」「認知症の祖父母がごみに捨てたのではないか」「買い物途中に落とした」など、計12件の申し出があったといいます。

そのうち、9件が遺失物として受理され、警察では落とし主の特定を進めているとのこと。届出から3ヶ月、つまり4月30日までに落とし主が判明しなければ、現金の所有権は"拾い主"である札幌市に移る見込みだそうです。個人的には、ごみの中から現金1000万円が見つかったことより、12件もの申し出があったことが興味深いです。「認知症の祖父母が捨てた可能性がある」「北海道旅行中に落とした」とか……報道前に紛失届は出して……はなかったのでしょう……。もし虚偽の申告をしていたとなると「虚構申告罪(軽犯罪法第1条)」に問われる可能性があります。

### ●世界的に有名な音楽家・坂本龍一さんが死去、71歳 (106ページ)

「世界のサカモト」と評された音楽家の坂本龍一さんの訃報です。1980年代に3人組のバンド「イエロー・マジック・オーケストラ」(YMO)でエレクトロニック・ミュージックの先駆けとなり、世界的ヒット曲を生み出しました。映画音楽の作曲家としても知られ、88年には『ラストエンペラー』で米アカデミー賞を日本人としては初めて受賞。2014年に中咽頭がんと診断され、治療の末に寛解しましたが、再び2020年6月に直腸がんに。その後は、闘病しながら最後まで音楽作りに情熱を注いでいたのは周知の通りです。

153

## ●日本のクマ肉自販機、意外な人気 （108 ページ）

秋田新幹線などが通る JR 田沢湖駅近くの物産館「田沢湖市」に、地元で捕獲された野生のツキノワグマ肉の自動販売機が登場。地元の飲食店が、観光客らにクマ料理を紹介するために設置しました。

クマ肉は 250g ＝ 2200 円で販売され、主に新幹線の利用客が利用しており、売上は予想以上だといいます。首都圏から通販で取り寄せたい、といった問い合わせも少なくないそうです。

## ●上海、5 月では 100 年間で最高の気温を記録 （150 ページ）

中国の上海で 5 月 29 日、同市の 5 月の気温としては最高となる 36.1 度を記録しました。これまでの 5 月中の最高気温は 35.7 度で、1876 年、1903 年、1915 年、そして 2018 年と 4 度記録されています。同市で気温記録が何年に始まったかは定かでないそうです。

国連の WMO（世界気象機関）は「地球の気温はいよいよ『未知のゾーン』に入る」と警鐘を鳴らしました。さらに最新の報告書によれば、23 〜 27 年のいずれかの年には、世界の平均気温が過去最高となる確率が 98％に達するとのこと……。猛暑はもちろんのこと、台風の大型化にも注意が必要ですね。

# June,2023

# 2023年6月

# Japanese Ex-lawmaker GaaSyy Arrested

Japanese police arrested the former YouTuber-turned-Upper House member, known as GaaSyy, on multiple allegations including intimidation upon his return from the United Arab Emirates on Sunday.

Jun7,2023

## CHECK! ▮▮▮▮▶

- [ ] **lawmaker** [lɔ́:mèikə] … (国会) 議員
- [ ] **-turned** … ～から転身した
- [ ] **Upper House member** …【日本】参議院議員
- [ ] **on multiple allegations** … 複数の容疑で
- [ ] **including** [ɪnklú:dɪŋ] … ～を含む
- [ ] **intimidation** [ɪntìmədéiʃən] … おどし、脅迫
- [ ] **upon one's return** … 帰還時に、帰還直後に
- [ ] **United Arab Emirates** … アラブ首長国連邦

---

**☰**　　　　　　　**訳出のポイント**

- return はもともと「戻る」「帰る」という動詞で、「戻ること」「帰ること」という名詞としてもよく使われます。その場合、文脈によって「帰還」「帰宅」「帰国」などのように日本語では訳し分けることが必要になります。

- 暴露系ユーチューバーとして名を知られたガーシー容疑者は、昨年7月の参院選に当時の NHK 党から立候補して初当選しました。しかし、UAE から帰国せずに国会を欠席し続け、今年3月の参院本会議で除名されています。

---

# 「日本、ガーシー元議員を逮捕」

日本の警察は日曜日、ガーシーという名前で知られるユーチューバーから転身した前参議院議員を、アラブ首長国連邦から帰国した直後に、脅迫を含む複数容疑で逮捕した。

2023 年 6 月 7 日

TODAY'S POINT
今日の
ポイント

### 「元 A の（現職）B」 A-turned-B

-turned は「〜から変化した」→「〜から転身した」「〜出身の」という連結語を作ります。通例、ハイフンで結んで A-turned-B で「A から転身した B」「元 A の（現職）B」という言い方になります。
例えば、actor-turned-politician「俳優から転身した政治家」「元俳優の政治家」という具合に使います。

# PGA Tour, LIV Golf, & DP World Tour To Merge

The PGA Tour made a shocking announcement on Tuesday, saying it, along with DP World Tour, has reached an agreement with Saudi Arabian-backed LIV Golf to "unify the game of golf."

Jun9,2023

## CHECK! ▮▮▮▮▶

- [ ] **merge** [mə́:rdʒ] … 統合する
- [ ] **make a shocking announcement** … 衝撃的な発表をする
- [ ] **along with** … ～とともに
- [ ] **reach an agreement** … 合意に至る
- [ ] **Saudi Arabian-backed** … サウジアラビアが支援する
- [ ] **unify** [júːnəfài] … 統一する、一体化する

### ☰　訳出のポイント

● back はもともと「背」「背中」→「背部」「後部」「裏」「背景」といった意味の名詞。ここから、人、案、事業などの「裏に回る」→「裏から支える」→経済的、精神的に「支援する」「支持する」という動詞としても使われます。

● 対立と確執が激化していた（ように見えた）PGA ツアーと昨年創設された LIV ゴルフが、一転して和解、提携するという、まさに衝撃的なニュース。

# 「PGA ツアー、LIV ゴルフ、DP ワールドツアーが統合へ」

PGA ツアーは火曜日、DP ワールドツアーとともに、「ゴルフ競技を統一する」ことでサウジアラビアが支援する LIV ゴルフとの間で合意に至ったとして、衝撃的な発表を行った。

2023 年 6 月 9 日

TODAY'S POINT
今日の
ポイント

## 無数に応用が利く
## make an announcement

make an announcement は「発表をする」「声明を発する」という言い方で、ここにさまざまな形容詞を加えることで、無数に応用することができます。

今日の場合は make a shocking announcement で、「衝撃的な発表をする」「衝撃的な声明を発する」となっています。

# Man City Wins CL for First Time

Manchester City beat Inter Milan 1-0 in a tight Champions League final on Saturday, to become European champions for the first time ever and complete a remarkable treble.

Jun12,2023

## CHECK! ▐▐▐▐▶

- ☐ **Man (=Manchester) City** …【サッカー】マンチェスター・シティ
- ☐ **Champions League (CL)** …【サッカー】チャンピオンズリーグ
- ☐ **beat** [bíːt] … 〜を倒す
- ☐ **Inter Milan** …【サッカー】インテル・ミラノ
- ☐ **complete a remarkable treble** … 見事な三冠を達成する

### ≡　訳出のポイント

- treble は triple とほぼ同義で、「3倍の（もの）」「三重の（もの）」の意。ここから、サッカーでは、1つのクラブチームが同一シーズン中に3つの主要大会で優勝することを指します。日本語では通例、「トレブル」あるいは「三冠」と訳されています。
- 3つの主要大会とは、ほとんどの場合、各国のリーグ戦、国内カップ戦、各大陸で行われる国際大会の3つを意味します。

# 「マンCがCL初制覇」

土曜日に行われたチャンピオンズリーグ決勝で、マンチェスター・シティが接戦の末に1-0でインテル・ミラノを破り、初めての欧州制覇およびトレブル（三冠）を見事に達成した。

2023年6月12日

TODAY'S POINT

**今日の
ポイント**

### 「（試合などが）接戦の、互角の」tight

tight は「きつい」「堅い」「しっかりした」という形容詞。
服や靴などが「きつい」「ピッタリ合った」「締めつけられるような」といった意味合いでもよく使われます。
そして、今日の場合は試合などが「接戦の」「互角の」という意味になっています。

# Meta Is Working on Twitter Rival App

Facebook and Instagram owner Meta is preparing to launch a text-based social network designed to compete with Twitter, according to sources.

Jun13,2023

## CHECK! ▶

☐ **work on** … (開発に) 取り組む
☐ **rival app (=application)** … 対抗するアプリ
☐ **owner** [óunər] … 所有者 → 親会社
☐ **prepare to launch** … (運営) 開始を準備する
☐ **text-based social network** … テキストベースの SNS
☐ **designed to** … 〜するよう意図されている
☐ **compete with** … 〜と競合する
☐ **according to sources** … 情報筋によると

---

≡ **訳出のポイント**

● -based は名詞、副詞に付いて「〜を基にした」「〜に基礎を置いた」「〜を本拠にした」という連結形容詞を作ります。したがって text-based は「文章に基礎を置いた」「テキストベースの」の意。

● source の原義は「発生する起点」。すなわち、物、事の「源」「源泉」を意味する名詞です。英字新聞では、sources と複数形で情報などの「出所」「より所」、人も含めた「情報源」の意味でしばしば登場する単語なので、この点もしっかり確認しておきましょう。

# 「メタ、ツイッターに対抗するアプリを開発中」

情報筋によると、フェイスブックやインスタグラムの親会社であるメタが、ツイッターに対抗するためテキストベースの SNS の運営開始を準備しているという。

2023 年 6 月 13 日

今日の
ポイント

### 「同じ川を利用する人」
### という語源を持つ rival

rival の語源は「同じ川を利用する人」という意味のラテン語 rivalis。「同じ川を利用する人」→「川をめぐる争いの相手」ということから、「競争相手」「対抗者」を意味する名詞となっています。日本語定訳の「ライバル」は外来語としてすっかり浸透していますね。

また、rival は「競争している」「対抗している」「張り合っている」という形容詞としても用いられます。

# US to Rejoin UNESCO

UNESCO announced Monday that the United States plans to rejoin from this July. The U.S. withdrew from the organization in 2017 under President Donald Trump in disapproval of its "bias to Israel and mismanagement."

Jun14,2023

## CHECK! ▐▐▐▶

- ☐ **rejoin** [rìːdʒɔ́ɪn] … 再加入する → 復帰する
- ☐ **UNESCO** … ユネスコ
- ☐ **withdraw** [wɪðdrɔ́ː] ( → withdrew → withdrawn) … 脱退する
- ☐ **organization** [ɔ̀ːrɡənəzéɪʃən] … 機関
- ☐ **in disapproval of** … 〜を非難して
- ☐ **bias to Israel** … イスラエルに対する偏見
- ☐ **mismanagement** [mìsmǽnɪdʒmənt] … 不適切な運営

### ☰　訳出のポイント

- rejoin は【re-（再び）+ join（会う、一緒になる）】という成り立ちの語。ここから、人と「再び一緒になる」→「再会する」あるいは、仲間、所属団体などに「再加入する」「復帰する」「戻る」という動詞となっています。
- UNESCO は日本語でも「ユネスコ」と言いますね。正式な名称である United Nations Educational, Scientific and Cultural Organization「国際連合教育科学文化機関」も確認しておきましょう。

# 「米、ユネスコ復帰へ」

ユネスコ（国連教育科学文化機関）は月曜日、アメリカがこの7月から同機関に復帰する予定であると発表した。米国は2017年に、ドナルド・トランプ前大統領のもと、同機関の「イスラエルに対する偏見と不適切な運営」を非難して脱退していた。

2023年6月14日

TODAY'S POINT
今日の
ポイント

## 「引き下がる、撤退する、手をひく」
### withdraw

withdraw は「引き下がる」「引っ込む」「退く」「立ち去る」という動詞。軍隊などが「引き下がる」→「撤退する」という意味でも頻出ですね。

また、団体、組織、会、活動などから「引き下がる」→「脱退する」「手を引く」という意味合いでもよく使われます。

# Tokyo Metropolitan Gov't to Start Using ChatGPT

The Tokyo Metropolitan Government announced its decision Tuesday to integrate ChatGPT, an artificial intelligence chatbot, into its administrative operations starting from August.

Jun15,2023

## CHECK! ▮▮▮▮▶

- ☐ **Tokyo Metropolitan Government (=Gov't)** … 東京都
- ☐ **decision** [dɪsíʒən] … 決定
- ☐ **integrate 〜 into** …… 〜を…に取り入れる
- ☐ **artificial intelligence chatbot** … 人工知能型チャットボット
- ☐ **administrative operations** … 行政業務

### ☰　訳出のポイント

● 昨今、話題になることが多い ChatGPT は、an artificial intelligence chatbot「人工知能型チャットボット」と呼ばれる、人工知能（AI）を搭載したチャットボット。会話履歴などのデータから学習する能力や仕組みを持っています。

● decision は「決定」「結論」「解決」あるいは、「決心」「決意」を意味する名詞。announce one's decision to V で「〜する決定を発表する」ということですね。

# 「東京都が ChatGPT 利用開始へ」

東京都は火曜日、人工知能型チャットボットの ChatGPT を 8 月から都の行政業務に取り入れるという決定を発表した。

2023 年 6 月 15 日

TODAY'S POINT
今日の
ポイント

### 動詞 chatter の短縮語 chat

chat は、もともとは「（ぺちゃくちゃと）おしゃべりをする」という動詞 chatter の短縮語です。ここから「おしゃべりをする」「談笑する」という動詞、および「おしゃべり」「歓談」「会話」「雑談」という名詞を意味する口語としてよく使われています。

最近では、LINE や Facebook のメッセンジャーなど、会話形式でコミュニケーションをするメッセージングアプリのことも chat と呼んでいますね。

# Ecuadorian Woman Declared Dead Later Found Alive in Coffin

A 76-year-old woman who was declared dead at a hospital was found alive in her coffin after she started banging on it during her wake at a funeral home in Babahoyo, Ecuador.

Jun21,2023

## CHECK! ▊▊▊▶

- [ ] **Ecuador** [ékwədɔ̀:*r*] **(ian)** … エクアドル（人の）
- [ ] **be declared dead** … 死亡を宣告される
- [ ] **coffin** [kɔ́:fn] … 棺、棺おけ
- [ ] **be found alive** … 生きていることがわかる
- [ ] **bang on** … 〜をたたく
- [ ] **wake** [wéɪk] … 【名詞】通夜
- [ ] **funeral home** … 葬儀場
- [ ] **Babahoyo** … ババオヨ（市）

| ☰ | 訳出のポイント |
| --- | --- |

- wake はもともと眠りや夢から「目をさます」「目がさめる」という動詞。ここから、とくに、アイルランドや北イングランドでは「寝ずに（死者の）番をする、見張る」→「通夜をする」という意味に使われ、「通夜」という名詞にもなっています。
- 家族は死亡証明書を渡され、遺体を葬儀場に運び通夜を営んでいたところ、約5時間後に閉じられていた棺からドンドンという音が聞こえ、開けてみたら女性が荒い息をしていた、ということです。

# 「死亡宣告のエクアドル女性、棺の中で生きていた」

エクアドルのババオヨ市で、病院で死亡宣告された76歳の女性が、葬儀場での通夜の最中に棺をドンドンとたたき始め、生きていることが判明したという。

2023年6月21日

TODAY'S POINT
今日の
ポイント

### "死んでいると思ったらまだ生きている"

alive は「生きている」という形容詞。"死んでいると思ったらまだ生きている"というニュアンスを含む場合も多い単語です。そこで、be found alive は「生きて発見される」「(死んだと思ったら)生きていることがわかる」「(死亡の可能性があった人の)生存が確認される」という言い方になっています。

# It Could Take 131 Years to Close Global Gender Gap, WEF Says

It could take 131 years to close the gender gap around the world, according to the World Economic Forum's 2023 Global Gender Gap Report.

Jun23,2023

## CHECK! ▏▎▎▶

- ☐ **take _years** … _年かかる
- ☐ **close the (global) gender gap** … （世界の）男女格差を埋める
- ☐ **WEF (World Economic Forum)** … 世界経済フォーラム
- ☐ **around the world** … 世界中での
- ☐ **Global Gender Gap Report** … 世界ジェンダー・ギャップ報告書

### ☰ 訳出のポイント

- WEF = World Economic Forum「世界経済フォーラム」はスイスに本部を置く国際機関で、グローバル経済の発展や地球環境の保護、貧困や差別の撲滅、国際平和の推進などのために活動する非営利財団となっています。毎年1月にスイスのダボスで行われる年次総会、通称 Davos Forum「ダボス会議」はよく知られていますね。
- 調査対象となった146ヶ国のうち、日本は昨年の116位からさらに後退して、125位と過去最低順位でした。

# 「世界経済フォーラム：世界の男女格差埋めるのに 131 年」

世界経済フォーラムの 2023 年度版ジェンダー・ギャップ報告書によると、世界全体の男女格差を埋めるには 131 年必要だという。

2023 年 6 月 23 日

TODAY'S POINT
今日の
ポイント

### 「性」を表す gender と sex

gender は社会的、文化的役割としての「性」「ジェンダー」を意味する名詞。これに対して、sex は通常、生物学的な「性」を表す語になっています。そして、gap はもともと、壁、塀などの「すき間」「破れ目」「割れ目」を意味する名詞。ここから、時間、空間の「隔たり」、ふたつのものの「相違」「ずれ」「不一致」「不均衡」「差」といった意味にも使われます。

そこで、gender gap「ジェンダー・ギャップ」は社会、文化における「性別による差」→「男女格差」を意味する言い方になっているわけです。

# Ruoning Yin Wins 2023 Women's PGA Championship

20-year-old Ruoning Yin from China beat Japan's Yuka Saso to win the Women's PGA Championship on Sunday, clinching her first major title.

Jun27,2023

## CHECK! ▐▐▐▐▶

- ☐ **Women's PGA Championship** … 全米女子プロゴルフ選手権
- ☐ **beat** [bíːt] … ～を打ち破る
- ☐ **clinch one's first major title** … メジャー初優勝を果たす

≡　　　　　　　　**訳出のポイント**

- PGA は Professional Golfers' Association (of America) で「全米プロゴルフ協会」。一方「全米女子プロゴルフ協会」は Ladies Professional Golf Association で、LPGA と略されます。Women's PGA Championship「全米女子プロゴルフ選手権」は、この LPGA ツアーのメジャー大会のひとつですね。
- 中国の新星で 20 歳のインにとっては 2 ヶ月前の LA オープンに次ぐ、米ツアー 2 勝目で、メジャー初制覇となりました。一方、2021 年全米女子オープン以来のメジャー 2 勝目を狙った笹生優花は、残念ながらあと一歩およばず……。しかし、1 打差の 2 位という大健闘でした。

# 「全米女子プロゴルフ選手権、イン・ルオニンが優勝」

中国出身で20歳のイン・ルオニンが日曜日、日本の笹生優花を抑えて全米女子プロゴルフ選手権で優勝し、メジャー初制覇となった。

2023年6月27日

TODAY'S POINT
今日の
ポイント

### 「（勝利などを）決定的にする」clinch

動詞 clinch はスポーツ記事で頻出の単語です。原意は、くぎなどの先を曲げて「〜を（しっかり）固定する」。ここから、勝利などを「固定する」→「決定的にする」「確定する」という意味に使われるわけです。

そこで、clinch one's first major title は「メジャー初勝利を決める」「メジャー初制覇を果たす」という言い方になっています。

# NASA Begins Year-long Experiment to Simulate Living on Mars

Four researchers entered a simulated Mars habitat at NASA's Johnson Space Center in Huston, Texas on Sunday as part of a year-long experiment to test how astronauts would cope with a real-life human mission to the red planet.

Jun28,2023

## CHECK! ▮▮▮▮▶

- [ ] **year-long experiment** … 1年にわたる実験
- [ ] **simulate** [símjələɪt] … ～を模擬（実験）する
- [ ] **Mars (=the red planet)** … 火星
- [ ] **simulated Mars habitat** … 模擬火星住居 →火星住居を模した施設
- [ ] **test** [tést] … 【動詞】～を検証する、調べる
- [ ] **astronaut** [ǽstrənɔ̀:t] **(s)** … 宇宙飛行士
- [ ] **cope with** … ～に対処する、耐える
- [ ] **real-life human mission** … 現実の有人（探査）ミッション

| ☰ | 訳出のポイント |
|---|---|

- cope with ～は問題などを「うまく処理する」、不快なこと、困難などを「乗り切る」「耐える」という言い方。
- the red planet は直訳すると「赤い星」「赤い惑星」。Mars「火星」の別称としてよく使われる言い方なので、しっかり確認しておきましょう。

# 「NASA、1 年にわたる火星生活シミュレーション実験を開始」

日曜日に、テキサス州ヒューストンの NASA ジョンソン宇宙センター内に設置された火星住居を模した施設に、4 人の研究者が入居した。実際の有人火星探査ミッションで宇宙飛行士たちがどのように対処するのかを検証するための、1 年間にわたる実験の一環だという。

2023 年 6 月 28 日

TODAY'S POINT
今日の
ポイント

## 「〜のふりをする、模擬実験をする」
### simulate

simulate の語源は「似ている」という意味のラテン語 similis。ここから「〜のふりをする」「〜をまねる」、あるいは「〜の模擬実験をする」「〜のシミュレーションをする」という動詞となっています。

また、過去分詞が形容詞化した simulated は、「まねた」「似せた」「模擬の」「シミュレーションした」という意味なので、a simulated Mars habitat は「模擬の火星住居」→「火星住居を模した施設」ということですね。

# Klimt Painting Fetches £85.3 Million

"Dame mit Fächer" — Lady with a Fan – the last portrait by Austrian artist Gustav Klimt before his death in 1918 sold for £85.3 million at an auction in London Tuesday, making it the most expensive artwork ever auctioned in Europe.

Jun30,2023

## CHECK! ▐▐▐▐▶

- [ ] **fetch £_** … __ポンドで売れる（落札される）
- [ ] **fan** [fǽn] … 扇
- [ ] **portrait** [pɔ́:rtrət] … 肖像画
- [ ] **artist** [á:rtəst] … 芸術家、画家
- [ ] **sell for £_ at an auction** … 競売で__ポンドで売れる
- [ ] **artwork** [á:twə:k] … 美術品

---

### ≡　　　　　訳出のポイント

- make は「〜を作る」の意味でおなじみの基本動詞ですが、今日の場合は make A B と目的語を2つ取って「A を B（の状態・種類）にする」という使い方になっています。
- 落札したのは香港のコレクターで、この落札価格は、欧州での美術品オークションとしては過去最高額ということです。また、同作が最後に売りに出されたのは1994年で、ニューヨークのサザビーズにおいて1160万ドル（約780万ポンド）で落札されていました。

---

# 「クリムトの絵画、8530万ポンドで落札」

1918年に没したオーストリア人画家グスタフ・クリムトによる最後の肖像画『Dame mit Fächer（扇を持つ貴婦人）』が火曜日、ロンドンで競売にかけられ8530万ポンド（約156億円）で落札された。欧州での美術品落札価格としては過去最高額となった。

2023年6月30日

TODAY'S POINT
今日の
ポイント

### 英国で使われることが多い単語 fetch

fetch はどちらかというと英国で使われることが多い単語で、人、物を「連れてくる」「取ってくる」という動詞です。ここから具体的な値段を目的語に取って、品物が「〈値段〉を取ってくる」→「〈値段〉で売れる」という意味でもよく用いられます。

特に、英字新聞では、競売において「〈値段〉で売れる」→「〈値段〉で落札される」という文脈で頻出の単語となっています。

# July,2023

# 2023年7月

# Apple Is Now Worth More Than $3 Trillion

Apple has become the world's first publicly-traded company to have a market value of $3 trillion or more at the close of Wall Street's trading day on Friday.

Jul 4, 2023

## CHECK! ▐▐▐▐▶

- ☐ **worth** [wə́ːrθ] _ … __の価値がある
- ☐ **trillion** [trɪ́ljən] … 兆
- ☐ **publicly-traded company** … 上場企業、株式公開企業
- ☐ **market value** … 時価（総額）
- ☐ **at the close of** … 〜の終了時に
- ☐ **Wall Street** … ウォール街 → NY 株式市場

---

### ☰ 訳出のポイント

- worth は「〜に値する」という形容詞。金額を表す語をともなうと「__の値打ちがある」「__の価値がある」という意味になります。

- 時価総額が終値で3兆ドルを超えるのは世界で初めてのことです。アップルの時価総額は 2018 年8月に米企業として初めて1兆ドルを突破、2020 年8月には2兆ドルを超えています。そして、2022 年1月には取引時間中に一時3兆ドルを超えたものの終値では届いていませんでした。

# 「アップル、時価総額が3兆ドル超に」

アップルは金曜日、NY 株式市場の終値で時価総額が3兆ドルを超える世界初の上場企業となった。

2023 年 7 月 4 日

**TODAY'S POINT**
今日の
ポイント

### 世界的な金融街「ウォール街」
### Wall Street

Wall Street「ウォール街」は米ニューヨーク市マンハッタンの南端部にあるストリートのひとつ。その通りの周辺を含めて、世界的な金融街として知られるため、「米金融街」→「米金融業界」あるいは、ウォール街にある「ニューヨーク証券取引所」→「NY 株式市場」を指す表現としてもよく使われています。

# Confusion Continues over Twitter's Viewing Limits

Confusion at Twitter continued on Saturday after owner Elon Musk announced "temporary limits" on the number of posts users can read in a day.

Jul5,2023

## CHECK! ▐▐▐▐▶

- ☐ **confusion** [kənfjúːʒən] … 混乱、困惑
- ☐ **continue** [kəntínjuː] … 続く
- ☐ **viewing limits** … 閲覧制限
- ☐ **owner** [óunər] … オーナー、所有者
- ☐ **temporary** [témpərèri] … 一時的な
- ☐ **post** [póust] … 投稿、ポスト

### ≡　　　　　訳出のポイント

- view はもともと、目に見える「眺め」「風景」「景色」あるいは、「見ること」「視界」などを意味する名詞。ここから、興味を持って「〜を見る」「〜を眺める」という動詞にもなっています。テレビなどを見る場合にも使われ、近年では、インターネットのサイトや投稿、動画などを「見る」→「閲覧する」という意味で多用されていますね。

- 実際に急に投稿が見られなくなって困惑するユーザーも少なくないようです。また、ツイッターはすでに災害など緊急時の情報発信、および受信の手段としての役割を担っている面もあり、その点を懸念する声も上がっています。

# 「ツイッターの閲覧制限で混乱続く」

ツイッターを所有するイーロン・マスク氏が土曜日、利用者が1日に読むことができる投稿数の『一時的な制限』を発表したのを受けて、混乱が続いている。

2023年7月5日

TODAY'S POINT
今日の
ポイント

### limit と limits

limit は日本語にも浸透している英単語ですね。もともとは最大、最小の「限度」「限界」を意味する名詞です。ここから、「境界（線）」「範囲」「制限」といった意味合いで幅広く使われる語となっています。その場合は limits と複数形（単数扱い）になるのが通例。その点も注意してください。また、「〜の制限」「〜に対する制限」というには前置詞 on を用いて、limits on 〜 という形になります。

# IAEA Approves Japan's Plan for Fukushima Water Release

The International Atomic Energy Agency issued its final report on Tuesday, saying that Japan's plan to release treated water from the tsunami-wrecked Fukushima nuclear plant into the sea complies with international safety standards.　　　　　　Jul6,2023

## CHECK! ▮▮▮▶

- ☐ **IAEA (International Atomic Energy Agency)** … 国際原子力機関
- ☐ **approve** [əprúːv] … ～を是認する
- ☐ **release** [rɪlíːs] … 放出（する）
- ☐ **issue final report** … 最終報告書を発表する
- ☐ **treated water** … 処理水
- ☐ **tsunami-wrecked** … 津波で破壊された
- ☐ **nuclear plant** … 原子力発電所
- ☐ **comply with** … ～に合致する
- ☐ **international safety standards** … 国際的な安全基準

---

### ☰　　　　訳出のポイント

- ●東電が計画している段階的な放出であれば、処理水の放射線による人や環境への影響は "negligible"「無視できる程度のもの」としています。

- ●一方で、国内漁業団体など、あくまで安全性を危惧し反対する声も多く聞かれます。また、中国政府もすぐに「報告書の内容は遺憾だ」とコメントし、日本が放出開始した場合は対抗措置を取る可能性も示唆しています。

# 「IAEA、日本の福島原発処理水放出計画を是認」

国際原子力機関（IAEA）は火曜日、津波で破壊された福島原子力発電所の処理水を海に放出する日本の計画は、国際的な安全基準に合致しているとする最終報告書を発表した。

2023年7月6日

TODAY'S POINT
今日の
ポイント

**「～を承認する、認可する、認定する」**
**approve**

approveはもともと「～に賛成する」「～をよく思う」「～を是認する」という動詞。ここから、正式に「～を承認する」「～を認可する」「～を認定する」という意味でも頻出の語となっています。

# Meta Launches Twitter-like App 'Threads'

Facebook and Instagram owner Meta Platforms officially launched a new app called Threads, which is intended to be an alternative to Twitter.

Jul7,2023

## CHECK! ▶

- [ ] **-like** … ～のような、～に似た
- [ ] **officially launch** … 正式に開始する、始動させる
- [ ] **called** [kɔ́:ld] … ～と呼ばれる、～という
- [ ] **be intended to** … ～することを目的としている
- [ ] **alternative to** … ～に取って代わるもの

### ☰　　　　訳出のポイント

- intend は「つもりである」「意図する」という動詞。受動態の be intended to V で「～することが意図される」→「～することを目的としている」という形で登場することも多い単語です。

- フェイスブック、インスタグラムを運営するメタが、ツイッターに対抗する短文投稿型アプリを正式に始動、というニュース。すでに100ヶ国以上、30言語での提供が始まっています。Threads「スレッズ」は、インスタグラムのテキストベースの短文会話アプリで、アカウント名やフォロワーもそのまま引き継ぐことができるとのこと。

# 「メタ、ツイッター類似のアプリ『スレッズ』の提供開始」

フェイスブックおよびインスタグラムを所有するメタ・プラットフォームズが、ツイッターに取って代わる選択肢になることを狙った新アプリ「スレッズ」を正式に提供開始した。

2023年7月7日

TODAY'S POINT
**今日の
ポイント**

## 「(2者以上から) 選択すべきもの」
### alternative

alternative は2者以上から「選択すべきもの」「選択肢」、あるいは「〜に代わるもの」「もう一つの手段(方法)」という名詞。an alternative to 〜で「〜に(取って)代わるもの」「〜の代替品(案)」。そこで、本文後半の which 以下は「ツイッターに取って代わるものであることを目的とした(新アプリ)」→「ツイッターに取って代わる選択肢になることを狙った(新アプリ)」ということですね。

# World Logs Three Hottest Days Ever Recorded in Just Four Days

The world's average temperature reached a new high for the third time in just four days last week, deepening fears that far-greater changes than anticipated are taking place in Earth's climate system.　　　　　Jul10,2023

## CHECK! ▮▮▮▮▶

- ☐ **log** [lɔ́ːg] … ～を記録する
- ☐ **hottest day(s) ever recorded** … 観測史上最も暑い日
- ☐ **average global temperature** … 世界の平均気温
- ☐ **reach a new high** … 最高（温度）を更新する
- ☐ **deepen fears** … 懸念を高める
- ☐ **far-greater changes** … はるかに大きな変化
- ☐ **than anticipated** … 予想以上の　☐ **take place** … 起こる
- ☐ **Earth's climate system** … 地球気候システム

---

### ≡　訳出のポイント

- deepen は「深い」という意味でおなじみの形容詞 deep に「…にする」「…になる」という意の動詞を作る接尾辞 -en がついた語で「～が深まる」「～を深める」、心配、懸念などが「増す」「高まる」という意味合いでもしばしば使われる動詞です。

- 米国立環境予測センターのデータによると、7月3日の世界平均気温は 17.01 度に達し、1979 年に統計を取り始めて以来、最高を記録しました。さらに、翌4日の 17.18 度、その2日後6日には 17.23 度と立て続けに最高気温を観測。

# 「世界で観測史上最も暑い日、わずか4日間で3度更新」

世界の平均気温が先週、わずか4日間で3度にわたって史上最高を更新し、地球気候システムで、予想をはるかに上回る大きな変化が起こっているとの懸念が高まっている。

2023年7月10日

TODAY'S POINT
今日の
ポイント

### 「観測史上最も〜」 ever recorded

ever recorded は直訳すると「これまでに記録された」の意。直前に最上級をともなって、「これまでに記録された最も〜」→「観測史上最も〜」という表現として、よく登場します。

# BTS Releases First Official Book

The international K-pop megastars BTS released their eagerly awaited first official book, which marks their 10th anniversary as a group, in South Korea on Sunday.

Jul11,2023

## CHECK! |||▶

- [ ] **release** [rɪlíːs] … ～を発売する
- [ ] **K-pop megastar(s)** … K ポップの超大スター
- [ ] **eagerly awaited** …（ファン）待望の
- [ ] **mark one's _th anniversary** … __周年を記念する

### ☰　訳出のポイント

- eagerly は「熱望して」「熱心に」「ひたむきに」という副詞。そして、await が「期待する」「待ち望む」という動詞なので、eagerly awaited で「熱望して待ち望まれた」→「熱望された、待望の」という意味になっています。
- オリジナルの韓国語版の他、9 言語による翻訳版が同時に発売ということです。メンバー 2 人が兵役でグループ活動自体は休止している中で、今回の大規模なオフィシャルブック発売、そして欧米メディアでの報道ぶりからも、世界での BTS 人気の根強さが感じられますね。ちなみに、日本では日曜日を発売日にできないことから、日本語版発売は 7 月 11 日（火）だそうです。

☰ **対訳**

# 「BTS、初のオフィシャルブック発売」

K ポップの国際的な超大スター BTS のグループ結成 10
周年を記念する、ファン待望の初めてのオフィシャルブ
ックが、日曜日に韓国で発売された。

2023 年 7 月 11 日

TODAY'S POINT
今日の
ポイント

### big star と megastar

もともと「星」という意味の star は、芸能界などの傑出し
た「スター」「花形」という意味としても、日本語でも浸透
していますね。その「スター」を強調する言い方として、
big star「大スター」「大物スター」もよく使われます。
megastar はさらにその上をいく表現で、日本語にすると
「超大スター」というニュアンスでしょうか。今日の記事で
は、複数のメンバーからなるグループ BTS のことを指して
いるので、megastars と複数形で使われているわけです。

# Japan's Tokito Oda, 17, Wins Wimbledon Wheelchair Title

17-year-old Tokito Oda from Japan became the youngest male player to win a Wimbledon singles title in any discipline after beating Alfie Hewett 6-4, 6-2 in the men's wheelchair final on Sunday.

Jul18,2023

## CHECK! ▕▕▕▕▶

- ☐ **Wimbledon** [wímbldən] … 【テニス】ウィンブルドン選手権
- ☐ **wheelchair** [hwíːltʃèər] … 車いす
- ☐ **win a singles title** … シングルスで優勝する
- ☐ **discipline** [dísəplən] … 領域、分野 → 部門
- ☐ **beat** [bíːt] … ～を負かす、～に勝つ
- ☐ **final** [fáɪnl] …【名詞】決勝戦

---

**≡　　　　　　　訳出のポイント**

- title は本、絵、音楽などの「題」「表題」、あるいは映画、テレビの「字幕」といった意味でよく知られる名詞。同時に、英字新聞では競技、スポーツなどにおける「選手権」「タイトル」の意味で頻出です。

- 17歳69日での優勝は、同大会では部門にかかわらず男子シングルスで史上最年少です。日本男子としては、今年1月に引退した国枝慎吾さんに続き、2人目の王者となりました。

# 「日本の小田凱人（17歳）がウィンブルドン優勝、車いすテニス」

日本出身で 17 歳の小田凱人が、日曜日に行われたウィンブルドンの車いすテニス決勝でアルフィー・ヒューエットを 6-4、6-2 で破り、全部門を通じて男子シングルスでは同大会史上最年少の優勝となった。

2023 年 7 月 18 日

TODAY'S POINT
今日の
ポイント

### 意味の使い分けに注意! discipline

discipline はもともと「訓練」「鍛錬」「修養」、あるいは「規律」「しつけ」「風紀」を意味する名詞。また、学問などにおける（正式な）「領域」「分野」という意味でも使われます。

今日の場合は、テニスのウィンブルドン選手権における競技の「領域」→「部門」ということですね。

# Singapore Passport Is World's Most Powerful, Replacing Japan

Singapore has replaced Japan as having the world's most powerful passport, according to the latest Henley Passport Index.

Jul21,2023

## CHECK! ▮▮▮▶

- [ ] **most powerful** … 最強の
- [ ] **replace** [rɪpléɪs] … 〜に取って代わる
- [ ] **latest** [léɪtɪst] … 最新の
- [ ] **Henley Passport Index** … ヘンリー・パスポート・インデックス

≡　　　　　　　　**訳出のポイント**

- replace は「〜に取って代わる」「〜の後継（者）となる」という動詞。したがって、タイトルの replacing Japan は「日本に取って代わって（シンガポールのパスポートが世界最強である）」→「日本が首位から陥落して（シンガポールのパスポートが世界最強である）」という意味合いになっていますね。

195

# 「シンガポールのパスポートが世界最強に、日本は首位陥落」

最新のヘンリー・パスポート・インデックスによると、シンガポールのパスポートが日本に代わって世界最強となった。

2023 年 7 月 21 日

TODAY'S POINT
**今日のポイント**

### 形容詞 powerful の最上級

powerful は「強力な」「力強い」という形容詞。most powerful はその最上級なので、「最強の」ということですね。そして、world's most powerful で「世界の最強の」→「世界(で)最強の」となるわけです。

# Naoya Inoue Becomes 4-Division Champ After Knocking Out Stephen Fulton

Naoya Inoue became a four-division world champion when he knocked out the WBC and WBO super bantamweight titleholder Stephen Fulton in the eighth round Tuesday night.

Jul27,2023

## CHECK! ▯▯▯▯▶

- ☐ **4-division champ (=champion)** …【ボクシング】4階級制覇者、王者
- ☐ **knock out** … ～に KO 勝ちする
- ☐ **super bantamweight** …【ボクシング】スーパーバンタム級
- ☐ **titleholder** [táitəlhòuldər] … タイトル（選手権）保持者
- ☐ **in the _th round** …【ボクシング】＿ラウンド（回）に

---

### ☰　　　　　　　訳出のポイント

● knock out ～は敵などを「殴り倒す」「打ち負かす」という成句。ここから、ボクシングでは「～をノックアウトする」という意味で用いられ、略して KO という用語が生まれました。KO で「ノックアウト」「KO（勝ち）」という名詞、あるいは「～をノックアウトする」「～に KO 勝ちする」という動詞になります。

● 井上選手は去年、バンタム級で 4 団体の王座統一を果たした後、一つ上のスーパーバンタム級に転向。今回は新階級での初戦で、二つの世界タイトルを奪取した形です。そして、日本男子選手としては、井岡一翔選手に続いて 2 人目となる 4 階級制覇を見事に果たしました。

---

# 「井上尚弥がスティーブン・フルトンにKO勝ち、4階級制覇」

火曜夜、井上尚弥がWBC、WBO世界スーパーバンタム級王者スティーブン・フルトンに8回KO勝ちし、4階級制覇を達成した。

2023年7月27日

TODAY'S POINT
今日の
ポイント

### 「(体重、技量、年齢別の) クラス、級、部門」division

division の語源は「分ける」という意味のラテン語 divisio。ここから、「分けられた状態」「分割」「区分」といった意味の名詞になっています。また、体重、技量、年齢別の「クラス」「級」「部門」という意味合いでもよく使われる単語ですね。

今日の場合は、ボクシングにおける「階級」「級」を指しています。super bantamweight division「スーパーバンタム級」という具合に使います。

# US Heat Wave: People Are Getting Burns from Falling on Asphalt in Arizona

A considerable number of people are getting burns, some potentially life-threatening, just from falling on paved asphalt in Arizona amid a prolonged heatwave in the US.　　　Jul 28, 2023

## CHECK! ▐▐▐▐▶

- ☐ **heat wave** … 熱波、猛暑　☐ **get burns** … 火傷をする
- ☐ **fall** [fɔ́ːl] … 転ぶ
- ☐ **(paved) asphalt** … （舗装された）アスファルト
- ☐ **a considerable number of** … 相当数の〜
- ☐ **potentially life-threatening** … 生命に関わる恐れがある
- ☐ **amid** [əmíd] … 〜の真っ只中で
- ☐ **prolonged** [proulɔ́ŋd] … 長引く、長期化する

---

### ☰　　　　　　訳出のポイント

- fall は「落ちる」「落下する」などの意味でおなじみの基本動詞ですね。「転ぶ」「転倒する」「倒れる」という意味でもよく使われます。

- アメリカで熱波が長引き、南部アリゾナ州フェニックスでは 24 日間連続で最高気温が華氏 110 度（摂氏 43 度）を超え、これまでの最長記録を更新。この暑さに熱せられたアスファルトで転倒したり、熱くなった物の表面に触ったりして、火傷（やけど）を負う人が続出しているといいます。中には、皮膚移植が必要な Ⅲ 度という重度の火傷を負う人もおり、当局は住民に注意を呼びかけています。

# 「熱波の米国、アリゾナ州ではアスファルトで転倒し火傷も」

米国で熱波が長引く中、アリゾナ州では舗装されたアスファルトの上で転んだだけで火傷をする人が相当数にのぼり、中には命にかかわる恐れがあるほどの火傷を負った人もいるという。

2023 年 7 月 28 日

TODAY'S POINT
**今日の
ポイント**

### 「火傷をする」、英語で言うと?

burn はもともと火や物が「燃える」「焼ける」「燃焼する」という動詞。ここから、体の部分を「火傷させる」という意味にもなっています。また、「火傷」という名詞としても使われるので、注意しましょう。
今日の場合は get a burn「火傷をする」という言い方で登場しています。

# 1.03M Spectators Watch Tokyo's Sumida River Fireworks Festival for the First Time in 4 Years

A record 1.03 million spectators enjoyed the Sumida River fireworks festival on Saturday, as Tokyo's best known summer event returned after a 4-year-Covid hiatus.

Jul31,2023

## CHECK! ▐▐▐▐▶

- ☐ **spectator** [spékteɪtər] **(s)** … 観客
- ☐ **(Sumida River) fireworks festival** …（隅田川）花火大会
- ☐ **record** [rékərd] … 記録的な → 過去最多（最高）の
- ☐ **best known** … 最もよく知られる
- ☐ **return** [rɪtə́ːrn] … 戻ってくる
- ☐ **hiatus** [haɪéɪtəs] … 中断、休止

---

### ☰ 訳出のポイント

- hiatus はもともと「すきま」「割れ目」を意味する名詞。交渉、仕事などの「中断」「休止」という意味でもよく使われます。
- 新型コロナウイルスのまん延した 2020 年から中止が続いていた隅田川花火大会が 7 月 29 日、4 年ぶりに開催されました。中止前と変わらずおよそ 2 万発の花火が約 1 時間半にわたって打ち上げられ、浅草周辺などには東京の夏の風物詩を近くで見ようと、過去最多の約 103 万 5000 人が訪れたということです。

# 「4年ぶりの東京・隅田川花火大会、観客103万人」

土曜日、コロナ禍で中止が続いていた隅田川花火大会が4年ぶりに開催され、過去最高の103万人が、東京で最もよく知られる夏のイベントを楽しんだ。

2023年7月31日

今日の
ポイント

### 「観客」を意味する2つの単語

spectator の語源は「じっと見る」というラテン語 spectare。ここから、「見物人」「目撃者」という名詞になっています。また、スポーツの試合、催し物、ショーなどの「観客」を意味する単語としても頻出なので、しっかり押さえておきましょう。

ちなみに、映画、演劇、コンサート、講演会などの「観客」はこの spectator ではなく、audience になります。この点もあわせて確認しておきたいですね。

# August,2023

# 2023年8月

| | |
|---|---|
| 1日 | 結婚50年の米男性が妻へサプライズ、ひまわり120万本 |
| 2日 | アルツハイマー病の血液検査、一般販売開始 |
| 4日 | イラン、"前代未聞の酷暑"で2日間休日に |
| 7日 | フィギュアスケートの羽生結弦さん、結婚を発表 |
| 9日 | 米、産後うつに初の飲み薬承認 |
| 16日 | NASA:2023年7月の気温は1880年以降の記録史上最高 |
| 18日 | 研究:1日わずか4000歩で死亡リスク低下 |
| 23日 | 100歳の日本人女性がギネス世界記録樹立、最高齢の美容アドバイザー |
| 24日 | 日本:夏の甲子園で慶應が107年ぶりの優勝 |
| 29日 | 日本が中国に抗議、福島原発処理水放出に関する迷惑電話で |
| 31日 | 豪女性の脳で生きた線虫が見つかる、世界初 |

# US Man Plants 1.2M Sunflowers as Surprise Gift for Wife of 50 Years

A farmer in Kansas secretly planted 1.2 million sunflowers in 80 acres of land for his wife to celebrate their 50th wedding anniversary.

Aug1,2023

## CHECK! ▐▐▐▐▶

- ☐ **plant** [plǽnt] … 【動詞】～を植える
- ☐ **sunflower** [sʌ́nflàuər] … ひまわり
- ☐ **surprise gift** … 内緒の贈り物
- ☐ **farmer** [fáːrmər] … 農場経営者、農民
- ☐ **secretly** [síːkrətli] … 秘密に
- ☐ **_ acres of land** … __エーカーの土地
- ☐ **celebrate one's _th wedding anniversary** … 結婚__周年を祝う

---

| ≡ | 訳出のポイント |
| --- | --- |

- plant はもともと動物に対する「植物」「草木」を意味する名詞。ここから、種を「植える」「まく」、苗、植物を「植える」という動詞としてもよく使われます。
- farmer は「農場経営者」「農民」「農業従事者」を意味する名詞。社会的地位がかなり高く、farm「農場」「農園」を経営する人、すなわち「農業経営者」「農場主」を指して使われることも多い単語です。

# 「結婚 50 年の米男性が妻へサプライズ、ひまわり 120 万本」

米カンザス州で農業を営む男性が、結婚 50 周年を記念して、妻のために 80 エーカー（約 32 ヘクタール）の土地に 120 万本のひまわりを内緒で植えたという。

2023 年 8 月 1 日

## 土地の広さを示す単位 acre 「エーカー」

acre「エーカー」はヤード・ポンド法の面積の単位。英、米ではメートル法に移行した現在でも、土地の広さを示す単位として主に使われています。日本国内では、今も「坪」という単位が広く使われているのと同じ状況ですね。

1 エーカーは、平米単位に換算すると約 4047 平方メートル（1 辺が 63 メートル程度の正方形）。80 エーカーだと約 32 万平方メートル＝約 32 ヘクタール＝9 万 7000 坪という広さになるわけです。

# Alzheimer's Blood Test Is Now Available to Consumer public

Quest Diagnostics on Monday launched the first blood test to assess the risk of developing Alzheimer's disease for general consumers in the US.

Aug2,2023

## CHECK! ▐▐▐▐▶

- ☐ **Alzheimer's** [ɑ́ːltshaɪmərz] **(disease)** … アルツハイマー病
- ☐ **blood test** … 血液検査
- ☐ **available to consumer public** … 一般消費者が購入可能である
- ☐ **launch** [lɔ́ːntʃ] … 販売を開始する
- ☐ **assess the risk** … リスクを評価する
- ☐ **develop** [dɪvéləp] … （病気を）発症する
- ☐ **general consumers** … 一般消費者

### ☰ 訳出のポイント

● AD Detect と呼ばれるこの検査は、2022 年初めにクエスト・ダイアグノスティクス社が医師向けに発売したものと同じ技術を用いる血液検査。軽度の物忘れ、あるいはアルツハイマー病の家族歴があり、自分の発病リスクを知りたい 18 歳以上の成人が検査の対象となっています。

● 希望者が、同社のウェブサイトで検査料金 399 ドル（約 5 万 6000 円）を支払うと、遠隔医療の医師が医学的必要性を検討し、認められれば検査を発注。結果はオンラインで確認でき、追加料金なしで医師と話すことも可能ということです。

# 「アルツハイマー病の血液検査、一般販売開始」

クエスト・ダイアグノスティクス社は月曜日、アルツハイマー病発症のリスクを評価する血液検査を、米国内で一般消費者向けに販売開始した。　　2023年8月2日

TODAY'S POINT
今日の
ポイント

### 便利で応用範囲が広い英単語
### available

available はピタッとくる日本語訳がない単語ですが、色々な場面でよく使われる重要英単語のひとつ。基本的に、物に対して使う場合はその物が「利用可能、入手可能である」「使える」といった意味になります。食べ物や飲み物だったら「飲食可能である」、ホテルやマンションの部屋なら「宿泊可能である」「入居可能である」、製品、商品ならば「入手可能である」「購入可能である」という具合に、日本語にする際には文脈に合わせて幅広い柔軟な訳が求められます。しかし、逆にいうと「利用可能」「飲食可能」「宿泊可能」「購入可能」「入手可能」などの全てが、この available ひとつで表せるので、とても便利で応用範囲が広い英単語でもあるわけです。ちなみに、人に対して使う場合は手が空いていて「会う（来る、電話に出る、対応する）ことができる」「都合がつく」「忙しくない」、あるいは結婚相手、交際相手として "可能である" →「特定の相手がいない」「結婚していない」「フリーである」という意味になることも、確認しておきましょう。

# Iran Declares 2-Day Public Holiday over 'Unprecedented Heat Wave'

Iran declared this Wednesday and Thursday nationwide two-day public holidays due to health risks from "an unprecedented heat wave", calling on the elderly and people with health problems to stay indoors. 　　Aug4,2023

## CHECK! ▮▮▮▮▶

- ☐ **declare** [dɪkléər] … ～を宣言する、布告する
- ☐ **public holiday** … 公休日
- ☐ **unprecedented** [ʌnprésidèntəd] … 先例のない、前代未聞の
- ☐ **heat wave** … 熱波、酷暑
- ☐ **nationwide** [néiʃənwàid] … 全国的な
- ☐ **call on** … ～に呼びかける
- ☐ **the elderly** … 高齢者
- ☐ **stay indoors** … 屋内にとどまる → 外に出ない

---

### ≡　　　　訳出のポイント

- unprecedented は「先例のない」→「空前の」「前代未聞の」という形容詞。

- call on ～ は「～に呼びかける」「～に求める」という成句。【call on（人）to V】で「（人）に V するよう呼びかける」という意味になっています。

- イランではここ数日、各地で気温が 40 度以上を記録。南部では今後、最高気温が 50 度を超えることも予想されているということです。

---

# 「イラン、"前代未聞の酷暑"で2日間休日に」

イランでは、前代未聞の酷暑による健康リスクを理由に、今週水曜日と木曜日を全土で2日間の公休日とした。高齢者や健康問題がある人は外を出歩かないよう呼びかけている。

2023年8月4日

**TODAY'S POINT**

**今日のポイント**

## holy（神聖な）＋ day（日）
## ＝ holiday「休日」

holiday はもともと【holy（神聖な）＋ day（日）】という成り立ちで、「休日」「休業日」「祝日」を意味します。ここから、主に英国では「休み」「休暇」を意味することも多い単語になっています。今日の場合は、public holiday で、国などが定める「休日」「公休日」ということですね。

# Japanese Figure Skater Yuzuru Hanyu Announces Marriage

Japanese figure skating star and two-time Olympic champion Yuzuru Hanyu made a surprise announcement on social media on Friday that he has just gotten married. He did not reveal who his partner is.　　　Aug7,2023

## CHECK! ▐▐▐▐▶

- [ ] **figure skater** … フィギュアスケート選手
- [ ] **announce (one's) marriage** … 結婚を発表する
- [ ] **Olympic champion** … オリンピック優勝者、王者
- [ ] **make a surprise announcement** … 電撃発表を行う
- [ ] **on social media** … SNS で
- [ ] **reveal** [rɪvíːl] … 明らかにする
- [ ] **partner** [páːrtnər] … パートナー、相手

### ☰　訳出のポイント

● 日本語では競技名称として「フィギュアスケート」といいますが、英語では figure skating なので注意してください。また、figure skater だと「フィギュアスケーター」「フィギュアスケート選手」ということですね。

● Olympic champion は「オリンピックチャンピオン」、すなわち「オリンピック優勝者」「オリンピック王者」を意味します。_ time Olympic champion で「__回のオリンピック優勝者」→「オリンピックで__回優勝した人」となっています。

# 「フィギュアスケートの羽生結弦さん、結婚を発表」

フィギュアスケートのスターで2度オリンピックを制覇した羽生結弦さんが金曜日、結婚したことを SNS で電撃発表した。お相手が誰かは明かさなかった。

2023 年 8 月 7 日

### 英語では SNS より
### social media の方が一般的

日本語では SNS（= social networking service）という言い方が広く使われていますが、同じ意味合いで、英語では social media の方が一般的です。on social media で「ソーシャルメディア上で」→「SNS で」というわけです。

# US Approves First Postpartum Depression Pill

The US Food and Drug Administration approved the first pill intended to treat severe depression after childbirth or during late pregnancy. The zuranolone pill is taken once a day for two weeks.

Aug9,2023

## CHECK! ▊▊▊▶

- ☐ **approve** [əprúːv] … ～を承認する
- ☐ **postpartum depression** … 産後うつ
- ☐ **pill** [píl] … 錠剤、飲み薬
- ☐ **(the) US Food and Drug Administration** … 米食品医薬品局
- ☐ **(be) intend to** … ～を目的とする
- ☐ **treat severe depression** … 重度のうつ状態を治療する
- ☐ **childbirth** [tʃáildbəːrθ] … 出産
- ☐ **late pregnancy** … 妊娠後期
- ☐ **zuranolone** … 【薬物名】ズラノロン

≡　　　　　　　　訳出のポイント

- the US Food and Drug Administration は「米食品医薬品局」。米国の厚生省の一局に当たる組織で、食品、医薬品、化粧品の検査、取締、認可などを行っています。英字新聞でも頻出なので、FDA という略語とともに、しっかり押さえておきましょう。
- intend to V は「～することを意図する」「～することを目的とする」という言い方。

# 「米、産後うつに初の飲み薬承認」

米食品医薬品局が、産後あるいは妊娠後期の重度うつ状態の治療を目的とする初の飲み薬を承認した。「ズラノロン」は1日1回、2週間服用する。

2023年8月9日

TODAY'S POINT
今日の
ポイント

### 「1日＿回」＿ times a day

once a day は「1日1回」。twice a day「1日2回」、以下
＿ times a day で「1日＿回」という言い方になっています。
また、a day の部分は a week「1週間」、a month「1ヶ
月」、two weeks「2週間」などのように、一定期間を表す
表現ならどんなものでも用いることができます。

# NASA: July 2023 Was the Hottest Month on Record Since 1880

The global average temperature in July was the highest since record-keeping began in 1880, according to new data NASA unveiled on Monday.

Aug16,2023

## CHECK! ▐▐▐▐▶

- [ ] **NASA** … 米航空宇宙局
- [ ] **global average temperature** … 地球（世界）の平均気温
- [ ] **record-keeping** … 記録管理
- [ ] **unveil** [ʌnvéɪl] … 〜を公表する

≡　　　　　訳出のポイント

● 米国の NASA は、日本語でも広くそのまま使われていますが、正式名称 National Aeronautics and Space Administration「航空宇宙局」もしっかり押さえておきましょう。

● NASA の発表に先立って 8 日には、EU の気象情報機関 Copernicus Climate Change Service「コペルニクス気候変動サービス」が同様の発表をしており、今回の NASA のデータはそれと一致するものとなっています。

● 気象学的に、7 月は 1 年で地球の平均気温が最も高い月なので、今回の結果から、2023 年が記録史上最も平均気温が高い年になることがほぼ確実視されます。また、現在の気象状況から 2024 年にはさらに平均気温は上昇することが予想される、ということです。

☰ 　　　　　　　対訳

# 「NASA：2023年7月の気温は1880年以降の記録史上最高」

アメリカ航空宇宙局（NASA）が月曜日に発表した新データによると、7月の世界の平均気温は、記録管理が始まった1880年以降で最も高かった。

2023年8月16日

TODAY'S POINT
今日の
ポイント

### 「記録をつける」
### keep a record の派生

keep a record「記録をつける」「記録を保持する」「記録を管理する」という成句の現在分詞形から派生した名詞record-keepingは、「記録をつけること」「記録保持」「記録管理」の意。

そこで、本文中の since record-keeping began in 1880 は「1880年に記録管理が始まって以降」ということですね。

# Study: As Few As 4,000 Steps A Day Can Reduce Risk of Death

Walking as few as 4,000 steps a day significantly reduces your risk of early death of any cause but "more is better", according to a new study.

Aug18,2023

## CHECK! ▮▮▮▮▶

- ☐ **as few as** … わずか〜、たった〜
- ☐ **_ steps** … _歩
- ☐ **reduce (one's) risk of death** … 死亡リスクを下げる
- ☐ **significantly** [sɪgnífɪkəntli] … 著しく、大幅に
- ☐ **early death of any cause** … あらゆる原因による早期死亡

---

**≡**　　　　　　　　訳出のポイント

- reduce は数量、程度、値などを「減少させる」「低減する」という動詞。reduce one's risk of early death で「早期死亡のリスクを下げる」ということですね。

- 最近発表された、世界中で約 22.7 万人以上を対象にした分析では、1 日 2300 歩から心臓および血管への好影響が出始め、4000歩を超えるとあらゆる原因による早期死亡リスクが下がり始めることが示されました。そして、4000 歩を超えて 2 万歩までは、1000 歩増えるごとに早期死亡リスクは 15%ずつ下がる、ということです。また、こういった傾向は性別、年齢に関係なく共通ですが、60 歳以下ではより明らかである、としています。

---

# 「研究：1日わずか4000歩で死亡リスク低下」

新しい研究によると、1日にわずか4000歩を歩くことで、あらゆる原因による早期死亡のリスクは大幅に下がり、"歩数が多いほどリスクは減る"という。

2023年8月18日

### 「1日＿歩」を英語で言うには

＿ steps a day は「1日＿歩」。本文頭の walking as few as 4,000 steps a day は「1日にわずか4000歩を歩くこと」ですね。

# Japanese Centenarian Woman Sets Guinness World Record as Oldest Beauty Adviser

A 100-year-old Japanese woman has been officially recognized by Guinness World Records as "world's oldest female beauty adviser". Tomoko Horino in Fukushima City has been working as a commissioned salesperson for Pola, a major Japanese cosmetic house, for 61 years.　　　　Aug23,2023

## CHECK! ▐▐▐▐▶

- [ ] **centenarian** [sèntənéəriən] … 100 歳の
- [ ] **beauty adviser** … ビューティー（美容）アドバイザー
- [ ] **set (a) Guinness World Record** … ギネス世界記録を樹立する
- [ ] **be officially recognized** … 公式に認定される
- [ ] **commissioned salesperson** … 委託販売員
- [ ] **cosmetic house** … 化粧品会社

### ≡　　　　訳出のポイント

- centenarian の語源は「百の」というラテン語 centenarius。ここから「100 歳の」「100 年（祭）の」という形容詞です。

- recognize の原意は「認める」「思い出す」。ここから、正式に「認める」→「認可する」「承認する」「認定する」という意味でしばしば用いられる動詞になっています。今日の場合は be officially recognized で「公式に認められる」「公式に認定される」という言い方になっています。

# 「100歳の日本人女性がギネス世界記録樹立、最高齢の美容アドバイザー」

100歳の日本人女性が、「世界最高齢の女性ビューティーアドバイザー」としてギネス世界記録に公式認定された。福島市の堀野智子さんは、日本の化粧品大手ポーラの委託販売員を61年務めている。

2023年8月23日

**TODAY'S POINT**
**今日の
ポイント**

### 多くの"世界一"を扱っているから
### 複数形になる

おなじみの Guinness World Records「ギネス世界記録」は"世界一"を収集する書籍であり、認定する組織名でもあります。多くの"世界一"を扱っているため、Records と複数形になっていることに注意してください。

一方、「ギネス世界記録を樹立（達成）した」という場合は、数ある中の"あるひとつの世界一"を指すので set a Guinness World Record のように、Record は単数形になるわけです。

# Keio Wins Japan's High School Baseball Championship for First Time in 107 Years

Keio won its first National High School Baseball Championship in 107 years, beating defending champion Sendai Ikuei 8-2.

Aug24,2023

## CHECK! ▐▐▐▐▶

- ☐ **(National) High School Baseball Championship**
  … 【日本】（全国）高等学校野球選手権大会
- ☐ **beat** [bíːt] … ～を負かす、破る
- ☐ **defending champion** … 前回優勝者（チーム）

### ≡　　　　　　　訳出のポイント

- ●日本の夏の風物詩ともいえる「全国高等学校野球選手権大会」は、英語では National High School Baseball Championship。今日のタイトルの対訳では、日本での通称「夏の甲子園」を用いています。
- ● defending は「防衛する」「守る」の意。defending champion で「（タイトルを）防衛する優勝者」→「前回優勝者（チーム）」となっています。

# 「日本：夏の甲子園で慶應が 107 年ぶりの優勝」

全国高等学校野球選手権大会で、慶應が前大会王者の仙台育英を8-2で破り、107 年ぶりの優勝を飾った。

2023 年 8 月 24 日

TODAY'S POINT
今日の
ポイント

### 「__年ぶりに」という表現を応用する

for the first time in _ years は直訳すると「（この）__年で初めて」。日本語の「__年ぶりに」という言い方になります。そこで、タイトルは「慶應が 107 年ぶりに夏の甲子園で優勝する」ということですね。

ちなみに、years の部分は、days に変えて「__日ぶりに」、months →「__ヶ月ぶりに」、centuries →「__世紀ぶりに」のように応用できるので、しっかり確認しておきましょう。

# Japan Complains to China over Abusive Calls Regarding Fukushima Water Release

Japan has asked the Chinese government to take proper actions as individuals and institutions have been receiving a number of abusive phone calls about the release of treated radioactive water from the quake-damaged Fukushima nuclear plant. The calls are coming from numbers starting with China's country code.

Aug29,2023

## CHECK! ▐▐▐▐▶

- [ ] **complain to A over B** … A に B について抗議する
- [ ] **abusive (phone) call** … 迷惑電話、嫌がらせ電話
- [ ] **regarding** [rɪɡáːrdɪŋ] … 〜に関して
- [ ] **water release** … 水の放出
- [ ] **ask A to V** … A に V するよう求める
- [ ] **take proper actions** … 適切な措置を取る
- [ ] **individual** [ìndəvídʒuəl] **(s)** … 個人
- [ ] **institution** [ìnstət(j)úːʃən] **(s)** … 団体
- [ ] **a number of** … 多くの〜
- [ ] **treated radioactive water** … 処理済みの放射能汚染水
- [ ] **quake-damaged** … 地震で破壊された
- [ ] **Fukushima nuclear plant** … 福島原子力発電所
- [ ] **country code** … （国際電話の）国番号

☰ 対訳

# 「日本が中国に抗議、福島原発処理水放出に関する迷惑電話で」

日本は、地震で破壊された福島原発の処理済み放射能汚染水放出に関して、個人や団体が多数の迷惑電話を受信しているのを受けて、中国政府に適切な措置を取るよう求めた。迷惑電話の着信は、中国の国番号で始まる番号からだという。

2023 年 8 月 29 日

☰ 訳出のポイント

● take actions は「措置を取る」「行動を起こす」という成句ですね。そして、proper が「適した」「適切な」という形容詞なので、take proper actions だと「適切な措置を取る」という表現になっています。

TODAY'S POINT

今日の
ポイント

## abusive (phone) call
### 「嫌がらせの電話」「迷惑電話」

abusive は言葉などが「口汚い」、「罵倒する」「悪口を言う」という形容詞。abusive (phone) call で「嫌がらせの電話」「迷惑電話」という意味になっています。

# Live Roundworm Found in Australian Woman's Brain in World First

In a world first, a three-inch roundworm was found alive in a woman's brain during surgery in Canberra, Australia.

Aug31,2023

## CHECK! ▸▸▸▸▸

- ☐ **live** [láɪv] …【形容詞】生きている
- ☐ **roundworm** [ráundwə̀:m] … 線虫、回虫
- ☐ **brain** [bréɪn] … 脳
- ☐ **in a world first** … 世界で初めて
- ☐ **(be) found alive** … 生きて発見される
- ☐ **surgery** [sə́:rdʒəri] … 手術

### ☰ 訳出のポイント

- in a world first は for the first time in the world と同じ意味合いで使われる表現。すなわち「世界で初めて」ということですね。

- 豪州で、女性の脳から生きた線虫が摘出されたとする症例が、8月29日付の米学術誌 Emergency Infectious Diseases「新興感染症」に掲載されました。この線虫は通常はカンガルーやヘビなどに寄生しており、哺乳類の脳で見つかったのは世界で初めてだといいます。

# 「豪女性の脳で生きた線虫が見つかる、世界初」

オーストラリアのキャンベラで、手術中に女性の脳から体長３インチ（約８センチ）の線虫が生きている状態で見つかった。世界初の症例だという。

2023 年 8 月 31 日

**TODAY'S POINT**

**今日の
ポイント**

### 動詞 live と alive が頭音を消した語

live は「生きる」「生きている」「生活する」という動詞としておなじみですね。ただし、今日のタイトル中の live はこちらの動詞とは異なる単語で形容詞。本文に登場している alive が頭音を消した語で、どちらも「生きている」という意味になっています。

特に alive の方は、死んだと思ったらまだ「生きている」、副詞的に用いて「生きたまま」というニュアンスで使われることが多い単語です。そこで、be found alive は「生きたままで見つかる」「生きた状態で発見される」という言い方になります。

## あの記事をさらに深掘り!

● NASA、1年にわたる火星生活シミュレーション実験を開始（174ページ）

将来、火星に宇宙飛行士が長期滞在することを想定した実験を、NASA（アメリカ航空宇宙局）が開始したというニュースでした。

米テキサス州の宇宙センター内に設置された火星での住居を模した施設に、科学者など4人が入居し、約1年間生活するそうです。この施設は、リビング、個室の寝室、共同シャワー、実験室からなる約160平方メートルの3Dプリンター製の建物で、赤い砂を敷き詰めた110平方メートルの空間もあり、火星表面を長時間徒歩探索するシミュレーションなどもできるといいます。

1年にわたってこの施設の中にとどまり、様々な実験を行いながら生活する4人の健康状態などをモニターし、将来の火星有人探査計画に生かすということです。

● シンガポールのパスポートが世界最強に、日本は首位陥落（194ページ）

ロンドン拠点のコンサルティング会社 Henley and Partners が毎年発表している Henley Passport Index。国際航空運送協会のデータをもとに、パスポート保有者がビザなしで渡航できる国・地域の数をまとめて、番付をしているものです。

このインデックスの最新の2023年版によると、シンガポールのパスポートはビザなしで192の渡航先にアクセスが可能で、世界最強となりました。2位はドイツ、イタリア、スペインで、これまで5年連続で首位だった日本は、今回韓国との3位タイに後退。ちなみに、約10年前に首位を独占していた米国は8位ということです。

●日本が中国に抗議、福島原発処理水放出に関する迷惑電話で（222ページ）

福島第一原発の処理水の海への放出が始まった8月24日以降、中国から日本への迷惑電話が急増しています。

福島県内だけでなく、東京都内の個人、団体、飲食店などにも、「86」という中国の国番号から始まる国際電話の着信が相次いでおり、主に英語や中国語でののしるような言葉や処理水をめぐる対応に抗議する内容だといいます。雨水や水道水にもトリチウムは含まれていて（1リットルあたり0.5ベクレル前後）、人体に確実に蓄積されています。これに対して今回放出された処理水のトリチウム濃度は1リットルあたり1500ベクレル未満です。一見多いようですが、世界保健機関（WHO）の飲料水水質ガイドラインは10,000ベクレル／リットルですから十分に低い数字なわけです。さらに海水で希釈されて、それが人体に与える影響というのはもはや水道水とは比較にならないくらい低いそうです。

●豪女性の脳で生きた線虫が見つかる、世界初（224ページ）

オーストラリアのニューサウスウェールズ州南東部に住む64歳の女性は、2021年1月ごろから原因不明の腹痛、下痢、空咳などの症状があり、その後物忘れや抑うつの症状が悪化。MRI検査の結果、右前頭葉に病変が発見され、2022年6月に手術を受けたところ、病変部分から体長8センチの生きて動いている線虫が発見され、摘出されました。専門家は、女性が自宅近くに自生する野草を食べて感染したと推測。野草にヘビのフンと一緒に排出された線虫の卵あるいは幼虫が付着していた可能性が高いといいます。線虫の摘出後、この女性は順調に回復し、原因不明の症状などもなくなったということです。

# September,2023

# 2023年9月

# Study: Daytime Naps May Be Good for Brain Health

Taking a short nap during the day may help maintain brain health as we age, according to a new study.

Sep1,2023

## CHECK! ▌▌▌▌▶

- ☐ **daytime nap** … 昼寝
- ☐ **brain health** … 脳の健康
- ☐ **take a nap** … うたた寝をする、昼寝をする
- ☐ **maintain** [meɪntéɪn] … 〜を保つ、維持する
- ☐ **age** [éɪdʒ] …【動詞】歳をとる、老化する

### ☰　訳出のポイント

- maintain はある状態、行為などを「保つ」「維持する」「続ける」という動詞。maintain brain health で「脳の健康を維持する」となっています。
- help + (to) V は「V するのを促進する」「V するのに役立つ」という言い方です。動詞の前の to は省略される場合も多いので、どちらのパターンでも対応できるようにしておきましょう。

# 「研究：昼寝は脳の健康によい？」

新しい研究によると、加齢にともない、日中に短時間昼寝をすることが脳の健康維持に役立つ可能性がある。

2023 年 9 月 1 日

TODAY'S POINT
**今日の
ポイント**

### 昼間の決まった時間の
### 「昼寝」を指す nap

nap は「うたた寝」「居眠り」「まどろみ」「仮眠」、特に、昼間の決まった時間の「昼寝」を意味する名詞。daytime nap で「日中のうたた寝」「昼寝」ということですね。
また、take a nap だと「うたた寝をする」「昼寝をする」という成句になります。

# Japan Beats Cabo Verde at Basketball World Cup, Earns Paris Olympic Berth

Japan grabbed a ticket to the 2024 Paris Olympics after beating Cabo Verde 80-71 to score its third win at the FIBA Basketball World Cup on Saturday.

Sep4,2023

## CHECK! ▸

- [ ] **beat** [bíːt] … 〜を負かす、〜に勝利する
- [ ] **(Republic of) Cabo Verde** … カーボベルデ（共和国）
- [ ] **earn Olympic berth** … 五輪の出場権を獲得する
- [ ] **grab a ticket to** … 〜への切符を手に入れる
- [ ] **score one's _th win** … __勝目を上げる
- [ ] **FIBA** … 国際バスケットボール連盟

| ☰ | 訳出のポイント |
|---|---|

- Cabo Verde「カーボベルデ」は、正式名は Republic of Cabo Verde「カーボベルデ共和国」。太平洋の中央、北西アフリカの西沖合に位置し、群島からなる共和制の国家ですね。
- 動詞 earn の原意は働いて（金などを）「得る」「稼ぐ」。労働や努力などの報いとして、信用、名声、地位、資格などを「獲得する」という意味合いでもよく使われる単語なので、しっかり確認しておきましょう。

# 「バスケ W 杯：日本がカーボベルデに勝利、パリ五輪出場権獲得」

FIBA バスケットボール・ワールドカップにおいて土曜日、日本がカーボベルデを 80-71 で破り、今大会 3 勝目をあげた。そして、2024 年パリ・オリンピックへの切符を手に入れた。

2023 年 9 月 4 日

TODAY'S POINT

**今日のポイント**

### 競技などへの「出場権」「出場枠」
### berth

berth はもともと船や列車の「寝台」「船室」「客室」を意味する名詞。口語では、乗船員としての「仕事」「職」「地位」→競技などへの「出場権」「出場枠」の意味にも使われます。

そこで、earn Olympic berth で「オリンピックの出場権を獲得する」という言い方になっています。

# Japan's Sogo & Seibu Sold to a U.S. Fund

Japan's major retailer Seven & i Holdings announced on Friday that it has completed the sale of its department store unit, Sogo & Seibu to U.S. investing firm Fortress Investment Group, a day after its labor union went on strike at the flagship Seibu Ikebukuro store in Tokyo.　　　　　　　　　　Sep5,2023

## CHECK! ▮▮▮▶

- ☐ **fund** [fʌ́nd] **(=investing firm)** … 投資会社
- ☐ **major retailer** … 小売大手
- ☐ **complete one's sale of** … 〜の売却を完了する
- ☐ **labor union** … 労働組合
- ☐ **go on strike** … ストライキを行う
- ☐ **flagship store** … 主力店舗

| ≡ | 訳出のポイント |
|---|---|

- sell は「〜を売る」「〜を完売する」という意味でおなじみの基本動詞。企業などを「売却する」という文脈でも頻出です。今日のタイトルでは（be 動詞は省略されていますが）受動態の be sold to 〜「〜に売却される」という形になっています。
- 同日すでに経営陣も刷新され、そごう・西武はフォートレスを親会社にした、新たな経営体制に移ったということです。現時点では雇用継続方針を表明していますが、そごう・西武が保有する池袋本店の土地などを家電量販大手ヨドバシ HD に売却し、西武は入居するテナントの一つになるようです。

# 「日本：そごう・西武、米投資会社に売却」

日本の小売大手、セブン＆アイ・ホールディングスは金曜日、同社の百貨店部門であるそごう・西武の米投資会社フォートレス・インベストメント・グループへの売却を完了したと発表した。前日には、主力店舗である東京の池袋西武で労働組合がストライキを実施していた。

2023 年 9 月 5 日

TODAY'S POINT
**今日の
ポイント**

### 名詞 fund と investing firm

名詞 fund は、もともと「基金」「資金」、あるいは「基金（資金）管理会社」の意。ここから、主に米口語では「投資会社」を指して使われることも少なくありません。つまり、本文の investing firm と同義ですね。

# Japan Had Hottest Summer on Record

Japan logged the highest average temperature this summer, between June to August, since records began 125 years ago, its Meteorological Agency said on Friday.

Sep6,2023

## CHECK! ▐▐▐▐▶

- [ ] **on record** … 記録上の
- [ ] **log** [lɔ́:g] …【動詞】〜を記録する
- [ ] **average temperature** … 平均気温
- [ ] **since records began** … 記録（統計）開始以来
- [ ] **Meteorological Agency** …【日本】気象庁

### ☰ 訳出のポイント

- since records began は「記録（観測、統計）が始まって以来」→「記録（観測、統計）開始以来」という言い方。名詞 record は「記録」ですが、「科学的な記録」→「観測」「統計」に近い意味合いで使われることも多いので、文脈によっては訳し分けるといいですね。

- 気象庁は9月1日、今年6月から8月のこの夏の天候のまとめを報告。それによると、今年の夏3ヶ月の平均気温は平年と比べ1.76度高かったといいます。夏の平均気温としては、1898年に統計を開始して以来、過去最高だった2010年の1.08度を大きく上回り、125年間で最高となりました。

# 「日本、記録上で最も暑い夏」

日本では、この夏（6月から8月）の平均気温が 125 年前の統計開始以来最も高かったという。気象庁が金曜日に発表した。

2023 年 9 月 6 日

TODAY'S POINT

**今日の
ポイント**

### 「丸太」「丸木」を意味する名詞 log

log はもともと「丸太」「丸木」を意味する名詞。丸太を用いて船の速度を測る「測程器」→「航海記録」「運航記録」、車の「走行記録」、コンピュータやシステムなどの「記録」といった意味にもなっています。
そして、ここから「航海（運航、走行、交信）記録をつける」→「〜を記録する」という動詞としても使われるわけです。

# Japan: Man Admits to Kyoto Animation Studio Arson

The suspect in the 2019 arson attack at an animation studio in Kyoto, that killed 36 people, pleaded guilty on the first day of his trial.

Sep7,2023

## CHECK! ▐▐▐▐▶

- ☐ **admit to** … ～（の罪、容疑）を認める
- ☐ **arson** [ɑ́ːrsn] **(attack)** … 放火（事件）
- ☐ **animation studio** … アニメーション制作スタジオ
- ☐ **suspect** [sʌ́spekt] … 【名詞】容疑者
- ☐ **plead guilty** … 罪状（起訴内容）を認める
- ☐ **trial** [tráɪəl] … 裁判、公判

---

### ☰　　　　訳出のポイント

- suspect はもともと「～を怪しいと思う」「～を疑う」「～に容疑をかける」という動詞です。ここから犯罪の「容疑者」「被疑者」という名詞としても頻出なので、しっかり押さえておきましょう。suspect in ～で「～の容疑者」ということですね。

- 動詞 plead は正式に「～を嘆願する」「～を訴える」の意。法律用語では、裁判で「～であると訴える」→「～であると認める」という意味で使われます。そこで、plead guilty は「罪を認める」「罪状（＝起訴内容）を認める」という言い方になっています。逆に、plead not guilty だと「罪を認めない」→「起訴内容を否認する」→「無罪を主張する」。これらは、ぜひセットでおぼえておきたい表現ですね。

---

# 「日本：京アニ放火事件で男が容疑認める」

36 人が死亡した 2019 年の京都アニメーション制作スタジオ放火事件で、容疑者の男は裁判の初日に起訴内容を認めた。

2023 年 9 月 7 日

TODAY'S POINT
今日の
ポイント

### 【自分に不利なことを仕方なく】認める admit

admit は「〜を認める」という動詞。【自分に不利なことを仕方なく認める】というニュアンスを含む語です。
そこで、admit to 〜は「〜（自分に不利な事実、罪、容疑など）を認める」という言い方になっています。

# US Open 2023: Novak Djokovic Wins 24th Grand Slam Title

Novak Djokovic won the U.S. Open men's singles final on Sunday, scoring a record-equaling 24th Grand Slam title.

Sep13,2023

## CHECK! ▐▐▐▐▶

- ☐ **Gland Slam** … 【テニス】四大大会
- ☐ **men's singles final** … 男子シングルス決勝
- ☐ **score** [skɔ́ːr] … ～を獲得する
- ☐ **record-equaling** … 記録に並ぶ、記録タイの

### ☰ 訳出のポイント

- equal は「～に等しい」「～に匹敵する」という動詞。ここから、record-equaling で「(これまでの) 記録に等しい」→「(これまでの) 記録に並ぶ」という形容詞になっています。

- 10 日に行われたテニス全米オープンの男子シングルス決勝で、ノバク・ジョコビッチがロシアのダニール・メドベージェフをストレートで下し、優勝しました。これでジョコビッチの四大大会での優勝回数は 24 となり、女子で 1960 年代から 70 年代にかけて活躍したマーガレット・コートが持つシングルス歴代最多記録に並ぶ形に。また、36 歳での全米オープン優勝は、大会最年長でもあるそうです。

# 「2023年全米OP：ジョコビッチが四大大会24勝目」

日曜日に行われた全米オープンの男子シングルス決勝で、ノバク・ジョコビッチが優勝し、歴代記録に並ぶ四大大会24勝目をあげた。

2023年9月13日

**動詞としてもしばしば登場する score**

score は「得点」「スコア」「成績」「点数」という名詞としてよく知られていますね。英字新聞では「得点する」→勝利、成功などを「得る」「手に入れる」「収める」という動詞としてもしばしば登場するので、しっかり確認しておきましょう。

# Angels' Shohei Ohtani Has Elbow Surgery

Los Angeles Angels' Shohei Ohtani underwent surgery on his right elbow on Tuesday. His doctor said the two-way superstar will be ready to hit without any restrictions on opening day next season and resume pitching in 2025.

Sep21,2023

## CHECK!

- ☐ **elbow surgery** … 肘の手術
- ☐ **undergo** [ʌ̀ndərgóu] **(→ underwent → undergone)** …（手術を）受ける
- ☐ **two-way star** … 二刀流のスター（選手）
- ☐ **be ready to** … 〜できる
- ☐ **without any restrictions** … 制限なしで
- ☐ **opening day** … 【野球】開幕日
- ☐ **resume pitching** … 投球を再開する

## 訳出のポイント

- be ready to V は「〜する用意（準備）ができている」→「(すぐに、いつでも）〜できる」という言い方です。
- restriction は「制限」「制約」を意味する名詞。without any restrictions で「あらゆる制限（制約）なしで」「何の制限もなく」という言い方になるわけです。
- resume は中断したことを「再び始める」「再開する」という動詞。resume pitching で「投げることを再開する」→「投球を再開する」となっています。

# 「エンゼルス大谷翔平が肘手術」

ロサンゼルス・エンゼルスの大谷翔平が火曜日、右肘の
手術を受けた。執刀医によると二刀流スーパースターの
大谷は、来季開幕時には制限なく打撃を行い、2025年に
は投球を再開できる見込みだという。

2023年9月21日

**不快、苦しいことを「経験する」
という動詞 undergo**

undergo は不快なこと、苦しいことを「経験する」という
動詞。ここから、検査、治療、手術などを「受ける」とい
う意味でもよく使われる単語です。underwent surgery on
his right elbow で「右肘の手術を受けた」ということです
ね。

# Japan Population: 1 in 10 People Are Aged 80 or Older

Japan's demographic crisis has been worsening as the latest government figures revealed that over 10% of the nation's population is now aged 80 or older.

Sep22,2023

## CHECK! ▓▓▓▶

- [ ] **population** [pɑ̀:pjəléiʃən] … 人口
- [ ] **be aged _** … _歳である
- [ ] **demographic crisis** … 人口危機
- [ ] **worsen** [wə́:rsn] … 悪化する、ひどくなる
- [ ] **government figures** … 政府の統計
- [ ] **reveal** [rɪvíːl] … 明らかにする

| ☰ | 訳出のポイント |
|---|---|

- aged は「歳をとった」「高齢の」という意味の形容詞ですが、数詞の前に置いて (be) aged _ の形で「_歳である」という言い方になります。
- demography は「人口統計（学）」。demographic はその形容詞形で「人口統計の」「人口の」の意味になっています。demographic crisis で「人口危機」ですね。

# 「日本の人口、10人に1人が80歳以上」

日本の人口危機が悪化している。最新の政府の統計で、80歳以上の人の数が人口の10%を超えたことが明らかになった。

2023年9月22日

TODAY'S POINT
今日の
ポイント

### 「数字」「数」という意味でも頻出
### figure

figure は人や物の「姿」「形」「外観」「形態」などを意味する名詞として広く使われています。同時に、「数字」「数」という意味でも頻出なので、注意しましょう。

今日の場合は government figures で「政府（の公表）による数字」→「政府の統計」という言い方になっています。the latest government figures で「最新の政府の統計」ということです。

# NYPD Introduces Security Robot

The New York City Police Department announced that it is deploying a fully autonomous security robot, which will patrol the Times Square subway station from midnight to 6 a.m. during a 2-month trial run.

Sep25,2023

## CHECK! ▐▐▐▐▶

- [ ] **NYPD (New York City Police Department)** … ニューヨーク市警察
- [ ] **introduce** [ìntrəd(j)úːs] … ～を導入する
- [ ] **security robot** … 警備ロボット
- [ ] **deploy** [dɪplɔ́ɪ] … ～を配備する
- [ ] **fully autonomous** … 完全自律型の
- [ ] **patrol** [pətróul] …【動詞】巡回する
- [ ] **Times Square subway station** …【米 NY】タイムズスクエア
- [ ] **subway station** … 地下鉄の駅
- [ ] **midnight** [mídnàɪt] … 真夜中、夜の 12 時
- [ ] **trial run** … 試運転 → 試験、試行

---

### ☰　訳出のポイント

- introduce は「～を紹介する」「～を引き合わせる」という意味でおなじみの動詞。新しいアイデアやものなどを「取り入れる」「導入する」という意味合いでもしばしば使われる単語です。
- midnight は「真夜中」「夜半」ですが、漠然と「夜の 12 時」を指すことも多い単語です。

# 「NY市警が警備ロボット導入」

米ニューヨーク市警が、完全自律型の警備ロボットを配備すると発表した。試験運用として2ヶ月間、夜の12時から午前6時まで地下鉄のタイムズスクエア駅を巡回するという。

2023年9月25日

TODAY'S POINT

**今日の
ポイント**

### 米国と英国で表現が異なる「地下鉄」

「地下鉄」は米国では subway、英国では underground が一般的なので注意しましょう。今日の記事では、話題は米NY市なので、the Times Square subway station「タイムズスクエア地下鉄駅」→「地下鉄のタイムズスクエア駅」ということですね。

# 150-year-old Banyan Tree Sprouts First New Leaves After Maui Wildfires

A 150-year-old huge banyan sprouted first new leaves after being charred by devastating wildfires on Maui last month, giving local people hope for recovery.

Sep27,2023

## CHECK! ▌▌▌▌▶

- ☐ **banyan tree** … ガジュマルの木
- ☐ **sprout new leaves** … 新葉が芽吹く
- ☐ **wildfires** [wáildfàiəz] … 山火事
- ☐ **Lahaina** … 【ハワイ】ラハイナ
- ☐ **be charred** … 黒焦げになった
- ☐ **devastating** [dévəstèitiŋ] … 壊滅的な
- ☐ **local people** … 地元の人たち、住民
- ☐ **hope for recovery** … 復興への希望

---

≡　　　　　　**訳出のポイント**

● char は「炭」を意味する charcoal の逆成語で「〜を炭にする」「〜を黒焦げにする」という動詞です。受動態の be charred だと「黒焦げにされる」 →「黒焦げになる」「真っ黒に焦げる」という意味になります。

● 米ハワイ州マウイ島で 8 月 8 日に発生した大規模火災では、これまでに 97 人の死亡が確認され、西部の街ラハイナは壊滅的な被害を受けました。街の中心部にあった樹齢 150 年の巨大なガジュマルの木も炎に包まれ、黒焦げになってしまいました。

# 「樹齢150年のガジュマルから新芽、マウイ火災後初めて」

マウイ島で先月発生した壊滅的な山火事で、黒焦げになった樹齢150年の巨大なガジュマルの木から被災後初めて新葉が芽吹き、地元の人たちにとって復興への希望の象徴となっている。

2023年9月27日

TODAY'S POINT

### 今日のポイント

#### 「芽」「新芽」「若枝」を意味する名詞
#### sprout

sprout はもともと「芽」「新芽」「若枝」を意味する名詞。ここから、「〜を発芽させる」「〜を芽生えさせる」、あるいは葉、植物などが「発芽する」「芽をふく」「生え始める」という動詞としても使われます。

sprout new leaves で「新しい葉を芽生えさせる」→「新しい葉が芽をふく」「新葉が育ち始める」という意味になっていますね。

# October,2023

# 2023年10月

# More Than 2,000 Singles Try to Sign up for Ghibli-themed Dating Event in Japan

A whopping 2,249 people reportedly applied for 400 spots to participate in a Ghibli-themed matchmaking event organized by Aichi Prefecture, central Japan, as it houses the Studio Ghibli Theme park.

Oct3,2023

## CHECK! ▮▮▮▮▶

- [ ] **singles** [síŋglz] … 【名詞】独身者
- [ ] **sign up (=apply) for** … ～に申し込む
- [ ] **Ghibli-themed** … ジブリをテーマにした
- [ ] **dating (matchmaking) event** … 出会い（婚活）イベント
- [ ] **whopping** [wɔ́piŋ] _ … じつに_もの
- [ ] **reportedly** [ripɔ́rtidli] … 伝えられるところによると
- [ ] **spot** [spɑ́:t] **(s)** … 場所、立場 → 定員
- [ ] **participate in** … ～に参加する
- [ ] **organized by** … ～が開催する
- [ ] **Aichi Prefecture** … 【日本】愛知県
- [ ] **house** [háuz] … 【動詞】～を擁する
- [ ] **Studio Ghibli Theme Park** … ジブリパーク

---

☰ **訳出のポイント**

● spot は「地点」「場所」「現場」「名所」「観光地」など幅広い意味で使われる名詞ですね。口語では、「地位」「立場」といった意味合いにもなります。

---

# 「日本：ジブリをテーマにした婚活イベントに独身2000人超が応募」

ジブリパークを擁する日本中部の愛知県が開催する、ジブリをテーマにした婚活イベントに参加しようと、定員400人のところに、なんと2249人もの申し込みがあったという。

2023年10月3日

TODAY'S POINT
今日の
ポイント

## 名詞としても頻出 single

single はもともと「たったひとつの」「たった1人の」「単独の」という形容詞。ここから「独身の」「配偶者のいない」という意味でもしばしば使われますね。

また、「1個」「1人」あるいは「1人用の部屋（ベッド）」→「シングル」という名詞としても頻出です。

今日の場合は singles と複数形で「独身者」の意味になっています。

# Japan's Johnny & Associates to Dissolve

The Johnny & Associates talent agency in Japan is to dissolve following the sexual abuse scandal by the late founder Johnny Kitagawa, the company announced on Monday.

Oct4,2023

## CHECK! |||||▶

- [ ] **Johnny & Associates** … 【日本】ジャニーズ事務所
- [ ] **dissolve** [dɪzá:lv] … 解散する、解体する
- [ ] **talent agency** … 芸能事務所、芸能プロダクション
- [ ] **following** [fá:louɪŋ] … 〜を受けて
- [ ] **sexual abuse scandal** … 性的虐待疑惑
- [ ] **late** [léɪt] … 亡くなった、故〜
- [ ] **founder** [fáundər] … 創業者

| ☰ | 訳出のポイント |
| --- | --- |

- Johnny & Associates は「ジャニーズ事務所」の英語名称。 associate はもともと「友人」「仲間」「同僚」を意味する名詞 で、「共同経営者」「共同出資者」といった意味でもよく使われ ます。英語では〜 &Associates という形で、会社名、組織名を 表すことも多いですね。

- 動詞 dissolve の原意は「〜を溶かす」「〜を分解する」です。 ここから、議会、組織などを「解散する」「解体する」あるいは 契約、責任などを「解消する」という意味合いでも用いられる 単語となっています。

# 「日本：ジャニーズ事務所が解体へ」

創業者である故ジャニー喜多川氏による性的虐待疑惑を
受けて、日本の芸能プロダクションのジャニーズ事務所
は月曜日、同社を解体することを発表した。

2023 年 10 月 4 日

## late の限定用法は意味が異なる

late は「遅い」「遅刻の」あるいは「末期の」「終わり頃の」
などの意味でおなじみの形容詞。the late 〜という形の限
定用法で用いられると「先の〜」「前の〜」→「（最近）亡
くなった」「故〜」という意味になるので、注意しましょ
う。

# Ohtani Becomes First Japanese MLB Homer Champion

Shohei Ohtani, two-way star of the Los Angeles Angels, became the first Japanese player to lead a U.S. major league in home runs, sealing the American League title on Sunday.

Oct5,2023

## CHECK! ▶

- [ ] **MLB (Major League Baseball)** … 【米】メジャーリーグ野球
- [ ] **homer (= home run) champion** … ホームラン王、本塁打王
- [ ] **two-way star** … 二刀流スター（選手）
- [ ] **seal the American League title** … アメリカンリーグのタイトルを確定する

---

≡ **訳出のポイント**

- MLB は Major League Baseball の略で、「メジャーリーグ野球」。アメリカ（およびカナダ）の合計 30 球団からなる世界最大のプロ野球リーグですね。National League 「ナショナルリーグ」、American League 「アメリカンリーグ」という 2 つのリーグで構成されています。日本では「メジャーリーグ」「大リーグ」などとも呼ばれますね。

- エンゼルスの大谷翔平が、ホームラン 44 本でアメリカンリーグの本塁打王のタイトルを獲得したという嬉しいニュース。大リーグでのホームラン王は日本人としては初めてで、アジア出身としても史上初だそうです。

# 「大谷、日本人初のメジャーリーグ本塁打王に」

ロサンゼルス・エンゼルスの二刀流スター、大谷翔平が日曜日、アメリカンリーグのホームラン王に確定し、日本人選手としては初の米メジャーリーグ本塁打王獲得となった。

2023 年 10 月 5 日

今日の
ポイント

**勝利などを「確定する」
「動かぬものにする」 seal**

動詞 seal は「封をする」「封印する」→割れ目などを「ふさぐ」「密閉する」→「〜を封じる」「〜を固く閉じる」などの意味。ここから、勝利などを「確定する」「動かぬものにする」という意味合いでもしばしば使われます。

# US Issues First Ever Fine for Space Junk

The Federal Communications Commission has issued its first ever fine of $150,000 to Dish Network for not properly deorbiting its old satellite.

Oct6,2023

## CHECK! ▐▐▐▐▶

- ☐ **issue (a) fine** … 罰金を科す
- ☐ **first ever** … (史上) 初めての
- ☐ **the Federal Communications Commission** …【米】連邦通信委員会
- ☐ **properly** [prάːpərli] … 適切に
- ☐ **deorbit** [diːˈɔərbit] … ～を軌道から離脱させる
- ☐ **satellite** [sǽtəlàit] … 衛星

### ☰ 訳出のポイント

- junk は「くず」「ガラクタ」「廃品」を意味する名詞ですね。space junk で「宇宙のガラクタ」→「宇宙ごみ」「宇宙廃棄物」です。すなわち、地球を周回している人工衛星や打ち上げロケットの残骸を指しています。

- deorbit は「～を軌道に乗せる」という動詞 orbit の前に【反対・逆】を表す接頭辞 de- がついた語で、「～を軌道から外す」「～を軌道からそらす」「～を軌道から離脱させる」という意味になっています。

# 「米、宇宙ごみに初の罰金」

連邦通信委員会が、古い人工衛星を適切に軌道から離脱させなかったとして、ディッシュ・ネットワーク社に初めての罰金15万ドル（約2250万円）を科した。

2023年10月6日

## 形容詞と名詞で意味が全く異なる fine

fine というと「立派な」「素晴らしい」「すてきな」「よい」などの意味の形容詞がよく知られていますね。今日の記事では「罰金」「科料」という意味の名詞として登場しているので、注意しましょう。

issue a fine で「罰金を科す」という言い方になっています。

# Israel at War with Hamas Following Surprise Attacks

Israel formally declared war on Hamas and began pounding Gaza with airstrikes after the Islamist militant group launched deadly surprise attacks on Saturday.

Oct10,2023

## CHECK! ‖‖‖▶

- [ ] **at war** … 戦争状態で
- [ ] **following** [fáːlouŋ] … 〜を受けて
- [ ] **(deadly) surprise attacks** … （破壊的な）奇襲攻撃
- [ ] **formally declare war on** … 〜に正式に宣戦布告する
- [ ] **pound 〜 with airstrikes** … 〜に空爆を続ける
- [ ] **Gaza** [gáːzə] … ガザ（パレスチナ自治区）
- [ ] **Islamist militant group** … イスラム過激派組織

---

### ☰　訳出のポイント

- Hamas「ハマス」は、今日の本文で言い換えられているように、パレスチナの Islamist militants group「イスラム（原理主義）過激派組織」ですね。イスラエル西部、地中海沿岸の幅5キロ、長さ40キロの地域である Gaza（Strip）を実効支配しています。

- 今年に入って、米国がイスラエルとサウジアラビアの関係正常化を後押しするなど中東では新たな安全保障秩序構築への動きが活発化……。ハマスにとってはパレスチナ国家樹立への希望を脅かすこうした動きにくさびを打ち込むのが狙いかと思われます。

---

## 「イスラエル、奇襲攻撃を受けハマスと戦争状態に」

土曜日にイスラム過激派組織ハマスが破壊的な奇襲攻撃をかけたのを受け、イスラエルは正式に同組織へ宣戦布告し、ガザへの空爆を繰り返している。

2023年10月10日

TODAY'S POINT
今日の
ポイント

### (be) at war with ~
### 「~と戦争中である」

at war は「戦争中の」「交戦中で」「戦争状態で」という言い方。(be) at war with ~「~と戦争中である」「~と戦争状態にある」という形が通例です。

# Sota Fujii Becomes First Ever to Win All Eight Major Shogi Titles

Shogi prodigy Sota Fujii won the last of the traditional Japanese board game's eight major titles on Wednesday, making history by becoming the first player ever to hold all of them.

Oct13,2023

## CHECK! ▮▮▮▮▶

- ☐ **first ever** … 史上初めての
- ☐ **prodigy** [prá:dədʒi] … 神童、天才
- ☐ **traditional** [trədíʃənl] … 伝統的な
- ☐ **board game** … ボードゲーム
- ☐ **make history** … 歴史的な偉業を成し遂げる
- ☐ **hold** [hóuld] … ～を保持する

### ☰　訳出のポイント

- prodigy の語源は「前兆」「怪物」という意味のラテン語 prodigium。ここから、「不思議なもの」「驚異」あるいは「神童」「天才」を意味する名詞となっています。本記事では Shogi prodigy で「将棋の神童」「将棋の天才」ということですね。
- make history は直訳すると「歴史を作る」。「歴史に残るような重大なことをする」「歴史的な偉業を達成する」といったニュアンスの表現になっています。

# 「藤井聡太棋士が全 8 冠独占、史上初」

天才棋士の藤井聡太氏が水曜日、伝統的な日本のボード
ゲームである将棋の主要 8 タイトルの最後の一つを奪取
し、史上初の 8 冠制覇という歴史的な偉業を達成した。

2023 年 10 月 13 日

今日の
ポイント

## first ever の後ろに player が省略

shogi は日本語がそのまま英単語となった「将棋」。今日の
タイトルでは、first ever の後ろに player が省略されてい
ると考えましょう。すなわち、「藤井聡太が、将棋の主要 8
タイトル全部を獲得する史上初の棋士となる」という意味
合いになっていますね。対訳では、簡潔に「藤井聡太棋士
が全 8 冠独占、史上初」としています。

# Japan Asks Court to Order Dissolution of Unification Church

The Japanese government asked a court on Friday to order the dissolution of the Japanese branch of the Unification Church which has been under investigation following the assassination of former prime minister Shinzo Abe in July 2022.

Oct16,2023

## CHECK! ▮▮▮▮▶

- [ ] **ask (a) court to order** … 裁判所に～命令を請求する
- [ ] **dissolution** [dìsəlúːʃən] … 解散
- [ ] **Unification Church** …【日本】（旧）統一教会
- [ ] **branch** [bræntʃ] … 支部
- [ ] **be under investigation** … 調査を受けている
- [ ] **assassination** [əsæsənéiʃən] … 暗殺
- [ ] **former prime minister** … 元総理大臣、元首相

### ☰ 訳出のポイント

- court は「法廷」「裁判所」。ask a court to V で「裁判所に～するよう申し立てる」「裁判所に～するよう請求する」という言い方になっています。
- Unification Church は「統一教会」。現在の正式名称は Family Federation for World Peace and Unification「世界平和統一家庭連合」ですが、英語圏では今でもこちらの Unification Church が通称として広く使われています。

# 「日本、旧統一教会の解散命令を裁判所に請求」

日本政府は金曜日、統一教会の日本支部の解散命令を裁判所に請求した。同教団は、2022年7月に起きた安倍晋三元首相暗殺を受けて調査対象となっていた。

2023年10月16日

TODAY'S POINT
今日の
ポイント

### 「枝」を意味する名詞 branch の幅広い使われ方

branch はもともと木などの「枝」を意味する名詞。ここから、「枝状のもの」「枝分かれしたもの」「派生したもの」→店、会社、団体などの「支店」「支社」「支部」、同じ祖先から出た「分家」、学問などの「部門」といった意味で幅広く使われます。

今日の場合は the Japanese branch of the Unification Church で「旧統一教会の日本支部」となっています。

# Study: Gene Editing Can Make Chickens Resistant to Bird Flu

Researchers have developed genetically modified chickens that are partially resistant to bird flu, saying it might be possible to prevent the spread of the disease on farms in three years.

Oct17,2023

## CHECK!

- ☐ **gene editing** … 遺伝子編集
- ☐ **make A B** … AをBにする
- ☐ **resistant to** … ～に耐性がある
- ☐ **bird flu** … 鳥インフルエンザ
- ☐ **develop** [dɪvéləp] … ～を開発する、作り出す
- ☐ **genetically modified** … 遺伝子が組み換えられた、操作された
- ☐ **partially** [pɑ́ːrʃəli] … 部分的に
- ☐ **(it is) possible to** … ～することが可能である
- ☐ **prevent** [prɪvént] … ～を防ぐ
- ☐ **spread of the disease** … 病気の拡大（まん延）
- ☐ **on farms** … 農場（=養鶏場）で

## 訳出のポイント

- make A Bは「AをB（の状態）にする」という言い方です。
- resistant to ～は「～に抵抗する」「～に抵抗力を示す」の意で、医学ではウイルス感染、病気などについて「～に耐性を示す」→「～にかからない（ならない）」などという意味に使われます。

# 「研究：遺伝子編集で鳥インフルにならないニワトリ誕生か？」

研究者らが、遺伝子組み換えによって、鳥インフルエンザに対して部分的に耐性を示すニワトリを誕生させた。3年以内には養鶏場における鳥インフルのまん延を防ぐことが可能になるかもしれないという。

2023年10月17日

TODAY'S POINT

**今日の
ポイント**

### 「〜することが可能である」
### it is possible to V

it is possible to V は「〜することが可能である」という言い方。ここでは it might be possible to 〜で「〜することが可能かもしれない」となっています。

# Climate Change Is Coming for Beer

Global warming is changing the quality and taste of beer for the worse, a new study found.

Oct18,2023

## CHECK! ▮▮▮▮▶

- ☐ **climate change** … 気候変動
- ☐ **come for** … ~に（攻撃しようと）向かってくる
- ☐ **global warming** … 地球温暖化
- ☐ **change ～ for the worse** … ~を悪い方向に変える
- ☐ **quality** [kwάːləti] … 質
- ☐ **taste** [téɪst] … 味、味わい

---

### ☰ 訳出のポイント

- for the worse は「悪い方向に」という言い方。対になる for the better「よい方向に」とあわせて覚えておきたいですね。change ～ for the worse (better) で「～を悪い（よい）方向に変える」→「～が悪い（よい）方向に進む」「～が悪化（好転）する」という意味合いになります。

- そこで、今日の本文では is changing と現在進行形になっていますね。現在進行形は「～している」という現在を表すのは当然として、しばしば未来を表すためにも用いられます。そして、この【未来を表す現在進行形】は「すでに決まっていて準備や手配などがされている場合」あるいは「近い未来で物事、行動などがすぐに起こる場合」に使われることも押さえておきましょう。

# 「気候変動、ビールにも悪影響」

新研究によると、地球温暖化によって、ビールの質や味わいに悪影響が出るという。

2023年10月18日

TODAY'S POINT
今日の
ポイント

## 「気候」climate と「天候」weather

climate の語源は「地域」「地面の傾き」を意味するギリシア語 klima で、「赤道から両極への傾き」が原義。この傾き具合によって気温、天候に変化が生じることから（ある土地の長期間の）「気候」を意味する名詞となっています。
ちなみに、特定の日など短期の「天候」は weather になります。あわせて確認しておきましょう。climate change「気候変動」および global warming「地球温暖化」はどちらも、昨今よく話題になる重要表現なので、しっかり押さえておいてください。

# Famed Japanese Singer-songwriter Shinji Tanimura Dies at 74

Renowned Japanese singer-songwriter Shinji Tanimura, who was also popular in China, died on October 8th, his agency said Monday. He was 74.

Oct19,2023

## CHECK! ‖‖‖▶

- [ ] **famed** [féɪmd] **(renowned)** … 著名な、有名な
- [ ] **singer-songwriter** … シンガーソングライター
- [ ] **die at _** … __歳で死去する
- [ ] **agency** [éɪdʒənsi] … 事務所

### ☰ 訳出のポイント

- die at _ は「__歳で死ぬ」「__歳で亡くなる」という言い方ですね。die at the age of _ を省略した形で、新聞の見出しでよく使われます。

- renown は「名声」「有名」という意味の名詞で、もともとは「〜を有名にする」という動詞としても使われていました。この動詞 renown は現在では廃語となっていますが、その過去分詞 renowned は「有名にされた」→「有名になった」→「著名な」「名高い」という形容詞として今も用いられています。

# 「日本の著名シンガーソングライター谷村新司さんが死去、74歳」

著名な日本のシンガーソングライターで、中国でも人気があった谷村新司さんが、10月8日に亡くなったと、月曜日に所属事務所が発表した。74歳だった。

2023年10月19日

### より文語的な表現 famed

famed は「有名な」「名高い」という意味の形容詞。基本的には famous と同義ですが、より文語的な表現で、新聞の見出しでよく用いられる単語です。

# Amazon Brings Humanoid Robots into Warehouses

Amazon has begun trialling humanoid robots in its US warehouses as the tech giant increasingly seeks to automate its operations.

Oct25,2023

## CHECK! ▐▐▐▐▶

- [ ] **bring ~ into…** … ～を…に持ち込む
- [ ] **humanoid robot(s)** … 人型ロボット
- [ ] **warehouse** [wéərhàus] **(s)** … 倉庫、商品保管所
- [ ] **trial** [tráɪəl] …【動詞】試す、試験運用する
- [ ] **tech giant** … テクノロジー大手
- [ ] **increasingly** [ɪnkríːsɪŋli] … ますます、急速に
- [ ] **seek to** … ～しようとする
- [ ] **automate** [ɔ́ːtəmèɪt] … 自動化する
- [ ] **operation** [ɑ̀ːpəréɪʃən] **(s)** … オペレーション、業務

---

### ☰　訳出のポイント

- humanoid は「人間の形をした」「人間みたいな」という形容詞。humanoid robot で「人型ロボット」ということですね。
- 米アマゾン・コムが、米国内物流拠点の商品倉庫で、人型ロボットの試験運用を開始すると発表。このロボットは、米新興企業 Agility Robotics が開発した Digit。二足歩行し、2本の腕で物をつかみながら移動できるということです。当面は空になったカゴを元の位置に戻す作業を担当させるといいます。

---

# 「アマゾン、倉庫に人型ロボット導入」

業務の自動化を急速に進めるテクノロジー大手のアマゾンが、米国内の商品倉庫で人型ロボットの試験運用を開始した。

2023 年 10 月 25 日

**今日の
ポイント**
TODAY'S POINT

### 「どんどん〜しようとする」
### を英語で言うと?

increasingly は「ますます」「だんだん」「どんどん」という副詞。seek to V が「〜することを求める」「〜しようとする」「〜しようと努力する」という言い方なので、本文末尾の increasingly seeks to automate its operations の部分は「どんどん業務を自動化しようとする」→「業務の自動化を急速に進める」となっています。

# November,2023

| | |
|---|---|
| 1 | Facebook and Instagram to Offer Paid Ad-Free Services in Europe |
| 2 | Japan: Barricaded Gunman Arrested, Hostages Unharmed |
| 6 | Nepal Earthquake Kills 157 |

# 2023年11月

1日　FBとインスタ、欧州で広告なし有料サービス提供へ

2日　日本:立てこもり拳銃男を逮捕、人質は無事

6日　ネパールで地震、157人死亡

# Facebook and Instagram to Offer Paid Ad-Free Services in Europe

Meta announced on Monday that it is offering ad-free services for Facebook and Instagram for a fee in most of Europe, starting November.

Nov1,2023

## CHECK! ▕▎▎▎▶

- [ ] **offer** [ɔ́:fər] … ～を提供する
- [ ] **paid** [péɪd] … 有料の
- [ ] **ad-free** … 無広告の、広告なしの
- [ ] **for a fee** … 有料で

≡　　　　　**訳出のポイント**

● free は「自由な」「束縛を受けない」という意味でおなじみの形容詞。ここから、（税金、料金など）望ましくないものからの「束縛、負担がない」「影響を受けない」「悩まされない」「免除された」といった意味でも頻出です。例えば tax-free「税金が免除された」→「免税の」「非課税の」、fat-free「脂肪がない」→「無脂肪の」などの表現は耳にすることも多いかと思います。今日の場合は ad-free で「広告がない」「無広告の」ということですね。

● ad は advertisement「広告」「宣伝」の略としてよく使われます。しっかり確認しておきましょう。

# 「FB とインスタ、欧州で広告なし有料サービス提供へ」

メタは月曜日、欧州のほとんどの地域で、フェイスブックとインスタグラム向けに、広告を表示しない有料サービスを11月から提供する、と発表した。

2023 年 11 月 1 日

TODAY'S POINT
今日の
ポイント

### 「有給の、有料の」 という意味の形容詞 paid

paid はもともと「払う」「支払う」という動詞 pay の過去分詞形。ここから、「支払われる」→「有給の」あるいは「有料の」という形容詞になっています。

例えば paid vacation は「有給休暇」、paid apps だと「有料アプリ」というわけですね。

# Japan: Barricaded Gunman Arrested, Hostages Unharmed

A gunman who barricaded himself in a post office in Saitama Prefecture with two hostages on Tuesday was arrested after an eight-hour standoff.　　　　　　　Nov2,2023

## CHECK! ▯▯▯▯▶

- ☐ **barricaded gunman** … 拳銃を持って立てこもる男
- ☐ **(be) arrested** … 逮捕される
- ☐ **hostage** [háːstɪdʒ] **(s)** … 人質
- ☐ **unharmed** [ʌnháːmd] … 無傷の、無事な
- ☐ **barricade oneself** … 立てこもる　　☐ **post office** … 郵便局
- ☐ **Saitama Prefecture** …【日本】埼玉県
- ☐ **standoff** [stǽndɔ̀f] … こう着状態

---

**≡　　　　　　　訳出のポイント**

- ● barricade の語源は「樽（たる）」を意味するスペイン語 barrica で、原意は「樽を並べて作ったもの」。ここから、「妨害するもの」「バリケード」「障害物」という名詞になっています。「バリケードを築く」「バリケードで囲む」という動詞としても使われます。そこで、barricade oneself は「自分自身をバリケードで囲む」→「立てこもる」という言い方になるわけです。

- ● harm はもともと物質的、肉体的、精神的な「損害」「害」「危害」を意味する名詞であり、「～を害する」「～を傷つける」「～に危害を加える」という動詞としてもよく使われます。unharmed は、この動詞 harm の過去分詞 harmed に否定の接頭辞 un- が加わったもので、「危害を加えられていない」「無傷の」「無事な」という形容詞になっています。

# 「日本：立てこもり拳銃男を逮捕、人質は無事」

火曜日、拳銃を持って人質2人とともに埼玉県の郵便局に立てこもっていた男が、8時間にわたるこう着状態の末に逮捕された。

2023年11月2日

TODAY'S POINT
今日の
ポイント

## 成句 stand off は「行き詰まる」、名詞化すると……?

standoff は「行き詰まる」「離れている」という意味の成句 stand off が名詞化した語です。ここから、試合などの「行き詰まった状態」→「引き分け」「同点」、「離れていること」→「孤立」「対峙」「にらみ合い」あるいは事態が動かない「拮抗状態」「こう着状態」といった意味合いで使われます。

英字新聞では、今日の記事のように、犯人などがどこかに立てこもった場合など、警察との「にらみ合い」「こう着状態」を意味する文脈でしばしば登場します。

すなわち、本文末尾の after an eight-hour standoff の部分は「8時間のこう着状態の後で」→「8時間にわたるこう着状態の末に」ということですね。

# Nepal Earthquake Kills 157

At least 157 people were killed and many more injured after a magnitude 5.6 earthquake struck western Nepal late Friday.

Nov6,2023

## CHECK! ▐▐▐▐▶

- [ ] **a magnitude _ earthquake** … マグニチュード _ の地震
- [ ] **strike** [stráik] **( → struck → struck)** … （地震が）〜を襲う
- [ ] **late** [léɪt] … （時期が）遅い、終わり頃の

### ☰　　　　訳出のポイント

- late は「遅い」「遅刻した」という意味の形容詞としてよく知られていますね。英字新聞では、後ろに時期を表す名詞をともなって、時期が「遅くの」「終わりの（方）の」「後半（後期）の」という意味でしばしば登場します。late this year「今年終盤に」「本年末に」、late next week「来週後半に」という具合ですね。特に、late Monday などと具体的な曜日をともなって「月曜日の終盤に」→「月曜日遅く」「月曜日深夜に」と、事件（ニュース）が起きた日時を表す言い方として頻出となっています。

- 今回地震の被害が大きかったのは、首都カトマンズから北西約300キロのジャージャルコートおよび周辺地域で、家屋倒壊や土砂崩れなどが起き、負傷者も多数ということです。ネパールも地震頻発国のひとつですね。安価に建築できるレンガ造りの家屋が多く、耐震性も低いことからも、どうしても毎回犠牲者の数が増えてしまうという事情もあるようです。

# 「ネパールで地震、157人死亡」

金曜日深夜にネパール西部でマグニチュード5.6の地震が発生し、少なくとも157人が死亡、さらに多数がけがをした。

2023年11月6日

TODAY'S POINT
**今日の
ポイント**

### 「殺す」という意味だけではない kill

kill＝「殺す」というイメージがあるかと思います。もちろん、動詞 kill は日本語の「～を殺す」に当たる単語として一般的です。しかし、もう一歩視野を広げて「～の命を奪う」というニュアンスで捉えておくと英語独特の言い回しが理解しやすくなります。例えば、今日のタイトル Nepal earthquake kills 157 (people) ならば、「ネパールの地震が157人を殺す」と捉えるよりも「ネパールの地震が157人の命を奪う」→「ネパールの地震で157人が死亡する」と考えた方が、わかりやすいですね。このように、日本語の「殺す」とは異なり、英語の kill は物、事（主に、災害や病気など）を主語に取ることが多いからです。

日常的によく使われる Cancer killed her.「がんが彼女の命を奪った」→「彼女はがんで亡くなった」などという言い回しも、その典型例になっています。

## あの記事をさらに深掘り!

### ●研究：昼寝は脳の健康によい？（230 ページ）

最近では power nap という言葉も使われているようです。午後早い時間に短い昼寝（仮眠）をすることで、体力、気力、知力が充実するとのこと。となるとオフィスに仮眠室が必要になる!?　私は朝早いので昼食後、確実に眠くなるので 20 分から 30 分ほど昼寝をするのが長年の習慣です。炭水化物の摂取によって、血糖値が急上昇後、下降するとき眠くなるようですが……確かに起きたときはものすごくスッキリします。

### ●ＮＹ市警が警備ロボット導入（246 ページ）

NY の地下鉄は 24 時間運行で、路線や時間帯によっては、駅構内も車内もかなり怖い雰囲気があります。よって警官の巡回も頻繁に見かけました。ロボコップならぬ警備ロボはナイトスコープ社からのリースで、1 時間あたり 9 ドル（約 1333 円）のリース料は、同市の最低賃金 15 ドルよりもかなり格安ですね。当然ながら、生身の警官の巡回と同じことができるわけではありませんが、犯罪抑止力にはある程度なりそうですし、トイレや食事休憩もいらないなど、コスト面でのメリットはある……ということでしょうか。

### ●藤井聡太棋士が全 8 冠独占、史上初（262 ページ）

いずれは確実に達成すると思っていましたが、想像以上に早かったですね。18 回登場したタイトル戦の番勝負で一度も敗退することなく、そのまま全 8 冠制覇というのは、前人未到かつ、おそらく絶後の偉業になるような気もします。それにしても思うのが、藤井くんのような人が戦国時代の軍事参謀だとしたら破竹の勢いで全国統一を成し遂げるんだろうな……と。

### ●アマゾン、倉庫に人型ロボット導入（272 ページ）

日本のファミレスや回転寿司でもロボットの導入が進んでいます。ただ現在のテクノロジーのロボットはなんというか味気なさすぎますね。ちょっと醤油が切れそうなんでもってきてくれ、今日のおすすめはなんですか？とか、そういう質問に対して臨機応変に対応したらすごいですが……でもあと数年でそうなりそうな予感も……。

### ●FB とインスタ、欧州で広告なし有料サービス提供へ（276 ページ）

有料サービス開始は、ユーザーの同意なしにデータを収集し、興味や関心に沿った targeting advertisement「追跡型広告」を禁止する、EU のデジタル市場法の規制適用が来年 3 月から開始されるのに対する措置とのこと。ユーザーの多くが広告なしのサービスの方を好むように思われますが、月額 1500 ～ 2000 円支払ってまで、という人はかなり限られるように感じます。このあたりのメタの価格設定は絶妙で、きっと、どちらに転んでも利益を維持できるよう計算されているのでしょう。

# INDEX

CHECK!欄に出てくる単語をアルファベット順に並べました。
数字は、単語が出てくるページです。
学習のまとめ、単語の総整理などにお使いください、

## E

祥伝社黄金文庫

1日1分！ 英字新聞 2024年版
豊富なニュースが英語力を上げる

令和5年12月20日　初版第1刷発行
令和6年9月20日　　　第6刷発行

著　者　　石田　健

発行者　　辻　浩明

発行所　　祥伝社

　　　　　〒101 − 8701
　　　　　東京都千代田区神田神保町 3 − 3
　　　　　電話　03（3265）2084（編集）
　　　　　電話　03（3265）2081（販売）
　　　　　電話　03（3265）3622（製作）
　　　　　www.shodensha.co.jp

印刷所　　堀内印刷

製本所　　ナショナル製本

Printed in Japan　　© 2023, Ken Ishida　ISBN978-4-396-31846-8 C0182

# 音声ダウンロードについて

## 英文が無料で聴けます

① 本書の英文記事は、下記サイトからダウンロードできます。
**www.shodensha.co.jp** （祥伝社のサイトです）
② サイトの左下に「音声ダウンロード」という小さなバナーがあります。
③ そこをクリックしていただくと、本書のページが出てきます。
④ そこから音声ファイルをダウンロードしてください。

## アプリについて

スマートフォンのアプリから全ての英文を無料で聞くことができます。
また、有料コンテンツとして本書の内容をアプリから読むこともできます。
現在、abceed と堀内印刷の 2 社がアプリを提供しています。

### abceed

① QRコード読み取りアプリを起動し、下のQR コードを読み取ってください。QRコードが読み取れない方はブラウザから、https://www.abceed.com/にアクセスしてください。
② 「石田健」で検索してください。
③ 石田健先生の著作リストが出てきます。その中に本書もありますので、音声をダウンロードしてください。有料のコンテンツもあります。

### 堀内印刷

① ご利用いただく際はAppStoreまたはGoogle Playストアで「1日1分 英字新聞」と検索し、アプリをインストールしてください。以下のQRコードから各ストアのアプリページにいくこともできます。
② 本アプリは2023年12月8日現在「2023年版」であり、2024年1月頃に「2024年版」にアップデート予定です。

AppStore用　　Google Play
　　　　　　　ストア用

〈ご注意〉
・ 音声ファイルの無料ダウンロードサービスは、予告なく中止される場合がございますので、ご了承ください。
・ アプリへのお問い合わせはそれぞれの会社にお願いします。
・ このページの情報は2023年12月現在のものです。